基于等效静态载荷法的汽车结构碰撞拓扑优化及其应用

AUTOMOTIVE STRUCTURE COLLISION TOPOLOGY OPTIMIZATION BASED ON EQUIVALENT STATIC LOADS METHOD AND ITS APPLICATION

任　春　编著

人民交通出版社
北京

内 容 提 要

本书分析总结了结构碰撞拓扑优化方法及其在汽车结构优化领域的应用研究现状，针对基于等效静态载荷的结构优化法在解决结构碰撞拓扑优化问题时存在的计算成本高、优化效率低和数值不稳定等问题，提出相应的解决措施及改进方法，并通过结构设计实例验证了改进方法的优越性。在此基础上，将所提出的方法推广应用到纯电动汽车前端系统正面碰撞工况下的关键结构拓扑优化设计，建立了一种行之有效的汽车结构耐撞性和轻量化优化设计方法。

本书可作为高等学校教师和工程技术人员的参考书，也可作为机械工程、车辆工程和工程力学等专业的研究生教材。

图书在版编目(CIP)数据

基于等效静态载荷法的汽车结构碰撞拓扑优化及其应用 / 任春编著. — 北京 : 人民交通出版社股份有限公司, 2024. 12. — ISBN 978-7-114-19997-4

Ⅰ. U467.1

中国国家版本馆 CIP 数据核字第 2025CG9701 号

Jiyu Dengxiao Jingtai Zaihefa de Qiche Jiegou Pengzhuang Tuopu Youhua ji Qi Yingyong

书　　名：基于等效静态载荷法的汽车结构碰撞拓扑优化及其应用

著 作 者：任　春

责任编辑：李　佳

责任校对：赵媛媛　刘　璇

责任印制：张　凯

出版发行：人民交通出版社

地　　址：（100011）北京市朝阳区安定门外外馆斜街 3 号

网　　址：http://www.ccpcl.com.cn

销售电话：（010）85285857

总 经 销：人民交通出版社发行部

经　　销：各地新华书店

印　　刷：北京虎彩文化传播有限公司

开　　本：720 × 960　1/16

印　　张：10.5

字　　数：162 千

版　　次：2024 年 12 月　第 1 版

印　　次：2024 年 12 月　第 1 次印刷

书　　号：ISBN 978-7-114-19997-4

定　　价：80.00 元

前　言

PREFACE

节能与安全是汽车产业发展的永恒主题，结构安全与轻量化设计是实现汽车产业可持续发展的有效措施。考虑到汽车结构轻量化与耐撞性之间的矛盾和竞争关系，国内外学者与研究机构普遍希望将结构碰撞拓扑优化方法应用于汽车产品开发与概念设计中，以期在实现汽车结构轻量化设计目标的同时满足碰撞安全性要求。基于等效静态载荷的结构优化法能够充分利用线性拓扑优化理论的高效率优势和现有成熟商业软件的计算优势，在结构动力学响应拓扑优化领域得到了广泛的研究和应用。然而，该方法在解决结构大变形碰撞拓扑优化问题时存在诸多问题，影响其进一步发展和深入技术应用。

本书针对基于等效静态载荷的结构优化法在解决结构碰撞拓扑优化问题时，存在的计算成本高、优化效率低和数值不稳定等问题，提出相应的解决措施及改进方法，并通过简单结构设计实例验证了改进方法的优越性。在此基础上，将所提出的方法推广应用于纯电动汽车前端系统正面碰撞工况下的关键结构拓扑优化设计中，建立了一种行之有效的汽车结构耐撞性和轻量化优化设计方法，实现了汽车结构耐撞性和轻量化水平提升，验证了所提方法的工程应用价值，同时为汽车结构耐撞性和轻量化设计提供了一种全新思路和实用方法。

本书共 6 章。第 1 章从结构碰撞拓扑优化理论和应用两个方面对碰撞拓扑优化领域的国内外研究现状展开了综述，并对这些领域存在的共性关键问题进行了总结。第 2 章详细阐述了基于等效静态载荷的结构优化法的相关理论，系统总结了基于等效静态载荷的结构优化法在解决大变形碰撞拓扑优化问题时存在的问题和不足，深入剖析了导致这些问题和不足的原因。第 3 章针对基于等效静态载荷的结构优化法在解决碰撞引起的结构塑性大变形拓扑优化问题时存在的计算成本高、优化效率低的问题，基于模型降阶理论对等效静态载荷进行改进，提出了一种降阶等效静态载荷计算方法及基于降阶等效静态载荷的结构碰撞拓扑优化法，并通过简化的车身结构正面碰撞拓扑优化验证了该方法的优越性。第 4 章针对基于等效静态载荷的结构优化法在解决碰撞引起的塑性大变形拓扑优化问题时存在的数值不稳定问题，基于线性极限分析的思想和能量原理对等效静态载荷进行改进，提出了一种等效线性静态载荷计算方法，并在此基础上提出基于等效线性静态载荷的结构碰撞拓扑优化法，实现了等效线性静态载荷的自适应缩放，保证了等效静态载荷作用下的结构拓扑优化始终保持在线性范围内，有效提高了结构碰撞拓扑优化的数值稳定性。第 5 章以纯电动汽车的前端系统为研究对象，将本书所提出的基于改进等效静态载荷的结构碰撞拓扑优化法综合应用到关键结构的碰撞拓扑优化中，建立了一种有效的汽车结构耐撞性和轻量化优化设计方法，实现了关键结构耐撞性和轻量化设计，验证了本书提出的优化方法的工程应用价值。第 6 章系统总结了本书取得的研究成果，并对未来的研究内容进行了展望。

本书结合现阶段结构碰撞拓扑优化相关研究方法存在的关键共性问题，针对基于等效静态载荷的结构优化法在解决结构大变形碰撞拓扑优化问题时存在的问题，提出了基于改进等效静态载荷的结构碰撞拓扑优化法，为汽车结构耐撞性和轻量化设计提供一种全新思路和实用方法。

本书基于作者主持的国家自然科学基金项目（52165027）和内蒙古自治区自然科学基金项目（2021MS05052）的研究成果，研究和改进了等效静态载荷法，系统地提出了基于改进等效静态载荷的汽车结构碰撞拓扑优化法。

本书成稿之际，感谢我的导师闵海涛教授和马天飞教授，他们高尚的思想品格、严谨的治学态度、精湛的学术造诣、求真务实的工作作风和平易近人的生活态度令我由衷地敬佩。十年前他们引领我走进了这个研究领域，是他们的鼓励与肯定给了我莫大的支持，一路走来，我投身其中，体会了耕耘的艰辛，也感受到了收获的喜悦。师恩如海，唯有努力工作，聊以回报。

由于作者水平有限，书中提出的方法和观点难免存在差错，恳请读者批评指正！

任　春

2024 年 4 月

目　录

CONTENTS

第1章　绪论

第2章　基于等效静态载荷的结构优化法

第3章　基于降阶等效静态载荷的结构碰撞拓扑优化法

CHAPTER 1

第1章

绪　　论

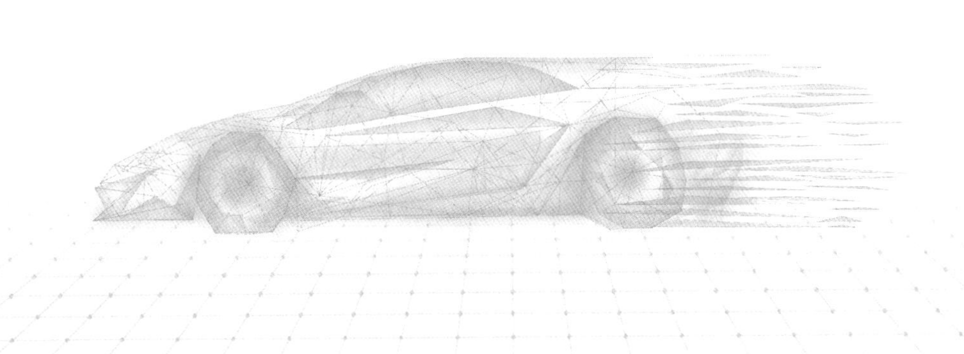

汽车产业作为全球经济的推动器，为世界经济的繁荣和稳定做出了积极贡献。然而，随着汽车保有量的不断增加，汽车带来的安全和环境问题日益突出，为汽车产业的发展带来了前所未有的挑战。汽车结构安全与轻量化设计通过采用结构优化技术、轻质材料和先进的工艺技术，在保证车辆结构安全的前提下减轻车辆质量，从而提高汽车能量利用效率并减少汽车排放污染。此外，轻量化设计还可以改善车辆的操控性能和制动性能，提升车辆的主动安全性能。可见，汽车结构安全与轻量化设计是汽车产业应对安全和环保挑战的有效方法。本章在分析全球和国内汽车市场发展趋势及汽车工业发展所面临挑战的基础上，通过凝练结构轻量化设计和结构耐撞性设计的共性关键技术，发现结构碰撞拓扑优化是最具潜力的汽车结构安全与轻量化设计技术。

1.1　汽车产业发展面临的挑战及应对措施

1.1.1　汽车产业发展面临的挑战

进入 21 世纪，全球汽车的产销经历了爆炸式增长，中国汽车工业迎来了快速发展，产销量和保有量不断刷新历史。表 1-1 为 2012—2023 年期间全球和中国汽车产销量与保有量统计表，截至 2023 年底，全球汽车保有量已达 14.74 亿辆。图 1-1 为 2012—2023 年中国和全球汽车产销量统计图，从图中可以看出，2012—2017 年全球汽车产销量持续增长，2018 年全球汽车的产销量虽然出现了约 2.5 个百分点的降幅，但中国的汽车产销量仍然蝉联全球第一。2023 年，我国汽车产销量分别达 3016.1 万辆和 3009.4 万辆，同比分别增长 11.6%和 12%，年产销量双双创历史新高，我国跃升为全球最大的汽车出口国。其中，新能源汽车产销量分别达 958.7 万辆和 949.5 万辆，同比分别增长 35.8%和 37.9%，市场占有率达 31.6%。可见，随着汽车保有量的不断攀升，全球汽车产业的发展开始放缓，在 2018 年出现了 21 世纪以来全球和中国汽车产业发展的第一个转折点，但受国际汽车市场恢复等因素推动，2020 年开始，全球汽车产销总量开始增长，其中新能源汽车持续爆发式增长，市场占有率不断提升，逐步进入全面市场化拓展期，迎来新的发展和增长阶段。

图 1-2 为 2012—2023 年中国和全球汽车保有量统计图，相比全球汽车保有

量的提升，中国汽车的保有量的增长更为强劲。据公安部的数据统计，截至2023年，中国的机动车保有量达4.35亿辆，其中汽车保有量达3.36亿辆；机动车驾驶人达5.23亿人，其中汽车驾驶人达到4.86亿人，保有量和驾驶人总量及增量均居世界第一。可见，全球的汽车保有量已经十分庞大，新能源汽车成为新的增长点，汽车产业面临重大发展机遇。如何推进汽车产业高质量发展，实现我国从汽车大国转变为汽车强国是当前汽车产业面临的关键问题。

2012—2023年全球和中国汽车产销量与保有量统计表（万辆）　表1-1

年份	产量		销量		保有量	
	中国	全球	中国	全球	中国	全球
2012	1927	8410	1930	8211	12089	114163.6
2013	2211	8724	2198	8559	13741	118492.8
2014	2372	8974	2349	8832	15447	123488.7
2015	2450	9078	2459	8970	17228	128227
2016	2811	9497	2802	9390	19440	122000
2017	2901	9730	2887	9680	21743	128000
2018	2780	9570	2808	9679	24082	134000
2019	2572	9217	2576	9042	26150	140000
2020	2522	7762	2531	7797	28087	146000
2021	2608	8015	2630	8210	30151	146400
2022	2702	8502	2686	8163	31904	146600
2023	3016	9400	3009	8918	33600	147400

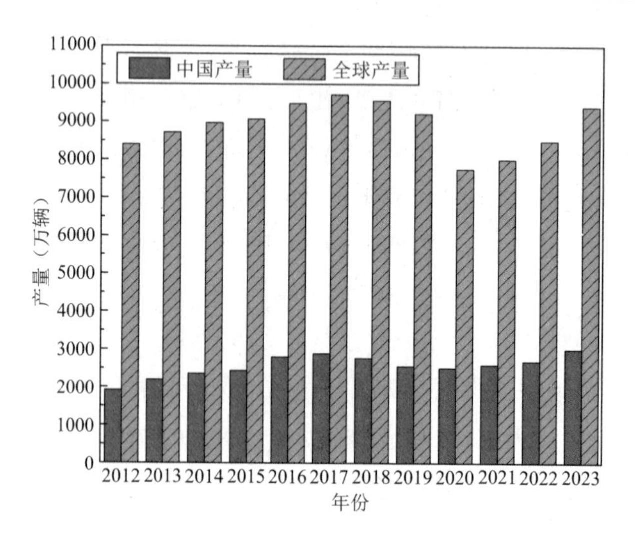

a) 中国和全球汽车产量统计

图　1-1

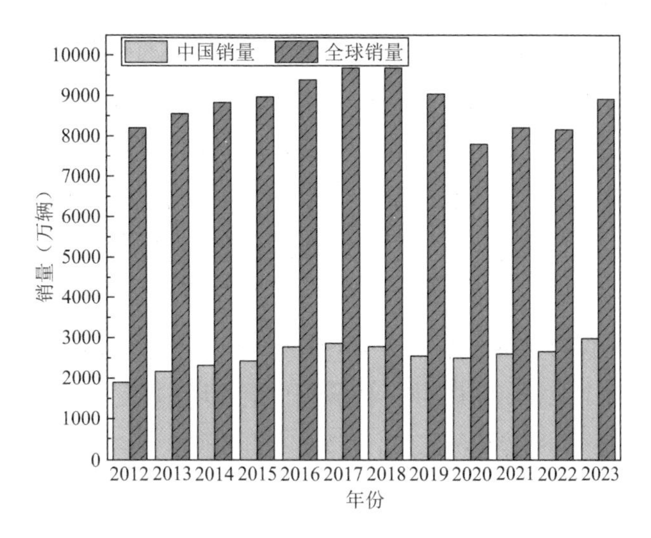

b) 中国和全球汽车销量统计

图 1-1　2012—2023 年中国和全球汽车产销量统计图

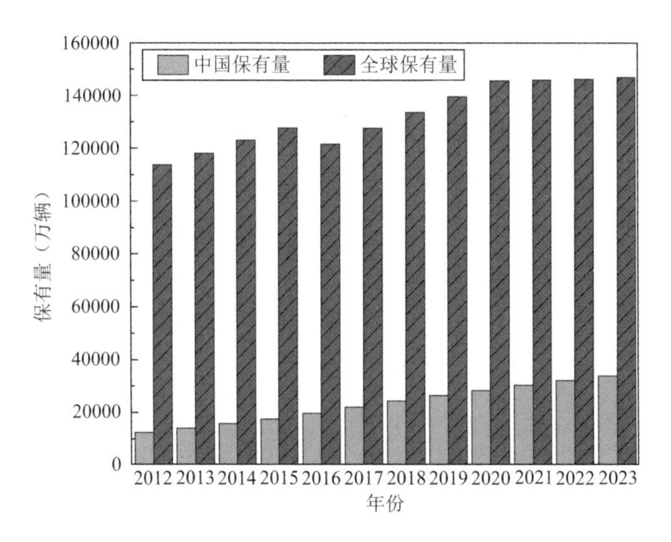

图 1-2　2012—2023 年中国和全球汽车保有量统计图

随着全球汽车保有量的持续增长和汽车市场竞争的日趋激烈，汽车工业的发展面临前所未有的挑战。首先，随着汽车保有量的不断攀升，道路交通事故频发，道路交通安全形势日趋严峻，由此产生的人员伤亡和经济损失巨大。世界卫生组织的统计数据显示，道路交通事故是造成全球人员死亡的主要原因，每年大约有 130 万人死于道路交通事故，其中近 90%的死亡人数集中在拥有全球汽车总数48%的低收入和中等收入国家，交通事故每年会给这些国家带来约1000亿美元的经济损失，达到其国内生产总值的1.0%～1.5%。在中国，每年因交通事故伤亡的人数已经超过30万，如此高的死亡人数和社会经济负担引发了人们对道路交通安全的广泛关注。因此，道路交通安全已经成为当今社会面临的最大公共卫生问题之一，迫使世界各国通过立法强制要求汽车企业提升汽车安全性。

其次，汽车保有量的不断增长加剧了我国日益严峻的能源危机。目前我国已经成为世界第二大石油消费国，而我国已经探明的石油储量少、年产量低，国内原油供给的对外依赖度已经超过70%，石油安全存在诸多问题，严重制约我国经济发展。相关资料表明，自2020年以来，我国平均每年石油进口量都在5亿t以上。因此，提高汽车燃油经济性、降低石油依赖度，具有重要战略意义。

最后，汽车保有量的持续增长也带来了严重的环境污染。2022年4月6日，世界卫生组织称每年全球有约700万人的死亡与空气污染有关，其中低收入和中等收入国家因空气污染影响而过早死亡的人数占比最高，占全球室外空气污染相关过早死亡总人数的91%。而欧盟环境署发布报告显示，道路交通造成的二氧化氮超标排放是导致欧洲地区空气污染的主要原因之一，六成以上的欧洲城市中心和主要道路周边存在二氧化氮超标问题。此外，根据联合国环境规划署《2023年排放差距报告》，2022年全球温室气体排放量达到574亿t二氧化碳当量，主要来源包括：发电和供热（47.94%）、交通运输（22.55%）、制造/施工（18.74%）、其他来源（10.77%）。所以，如何在满足环境和市场的双重需求、兼顾汽车安全、节能和环保性能的前提下实现汽车产业可持续发展，是汽车企业所面临的共同挑战。

1.1.2 汽车产业持续发展的应对措施

汽车安全性是指汽车行驶中保护车内乘员和行人安全的性能，可分为主动安全性和被动安全性。主动安全性是指汽车在行驶中避免发生交通事故的能力。近年来汽车主动安全性得到了长足发展，有效地减少了交通事故的发生。然而，汽车交通事故还是不可避免地会发生，这时被动安全性就显得尤为重要。汽车被动安全性（也称为汽车碰撞安全性或耐撞性）是指当汽车不可避免地发生交通事故时，汽车通过自身结构的缓冲、变形和吸能最大限度地减少对乘员或者行人损伤的能力。O'Neill 的研究表明，汽车结构耐撞性设计可以降低交通事故中 43%的潜在死亡率和更高的伤残率。可见，汽车的被动安全性是保护乘员和行人安全的最后一道重要安全屏障。

汽车轻量化是指在保证汽车强度和安全性的前提下减轻整备质量，达到提高汽车的动力性、经济性和环保性的目的。因此，汽车轻量化具有重要意义：

（1）汽车轻量化是提高汽车能源效率、降低环境污染的普遍方法。对于燃油汽车而言，世界铝业协会的研究表明，汽车质量减轻 10%，可以降低燃油消耗 6%～8%，减少尾气排放量 4%～6%；大众汽车的研究表明，汽车质量每减少 100kg，汽车百公里油耗可以降低 0.3～0.5L，二氧化碳每公里排放量减少 8～10g。对于纯电动汽车，汽车质量每减少 10%，续驶里程增加 5.5%。

（2）提高汽车动力性、制动性、安全性和可靠性。欧洲车身会议 2014 年的资料表明，汽车每减重 10%，0～100km/h 加速性能提升 8%～10%，制动距离缩短 2～7m，轮胎寿命提升 7%，图 1-3 总结了汽车轻量化与汽车性能之间的关系。此外，汽车轻量化可以降低整车重心，提升汽车操控性和抗侧翻能力。

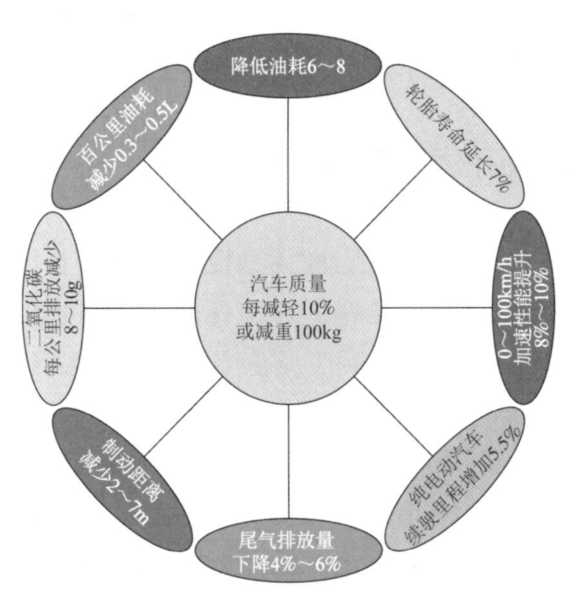

图 1-3　汽车轻量化与汽车性能之间的关系

综上所述，一方面，在消费者对汽车安全性的需求不断提升的同时，相关法规对汽车安全性的要求也愈发严格，迫使汽车企业全面提升汽车安全性能；另一方面，随着世界各国对环境保护和可持续发展的高度关注，汽车的燃料消耗和排气排放物受到进一步限制，迫使汽车企业追求更轻的整车质量。为此，各大汽车企业投入大量资源致力于开发更为安全和轻量化的汽车，以满足汽车安全、节能和环保的要求。然而，汽车耐撞性和轻量化之间存在矛盾和竞争。所以，在同时满足轻量化和耐撞性要求的前提下寻求结构耐撞性和轻量化之间的平衡点是目前研究的焦点。耐撞性和轻量化设计都可以通过结构优化（尺寸、形状和拓扑优化）来实现（图 1-4），其中拓扑优化是最具潜力的结构优化方法。碰撞工况下的结构拓扑优化即碰撞拓扑优化，是最有可能在结构耐撞性和轻量化之间找到平衡点的概念设计方法。

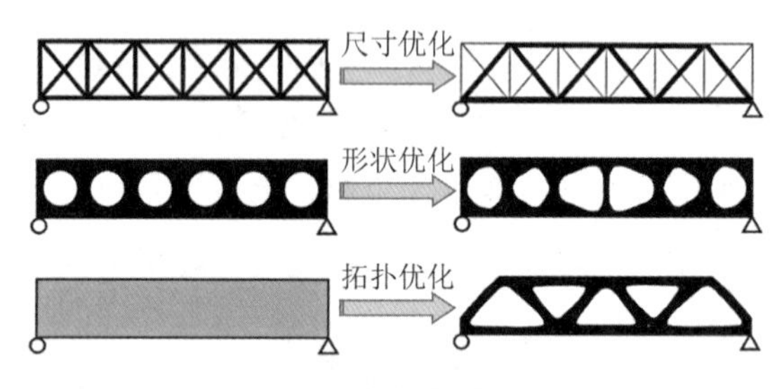

图 1-4　三种结构优化设计方法

1.2　结构碰撞拓扑优化的理论研究现状

结构碰撞拓扑优化方法属于典型的非线性动力学响应拓扑优化问题，是涉及几何、材料和接触非线性的复杂动力学过程，获取拓扑优化灵敏度和优化准则非常困难，所以是目前最为复杂的一类问题。Mayer 等人最早将均匀化技术和准则法相结合，开展了结构碰撞拓扑优化方面的研究，并将该方法应用到汽车后纵梁结构的优化设计中。该方法虽然完全基于计算机仿真，并没有考虑设计和加工的实际条件，但结果表明，通过运用碰撞拓扑优化方法可以实现碰撞工况下的结构优化设计，为实现结构耐撞性拓扑优化提供可能途径。目前在该领域广泛应用的研究方法主要有：基结构法（Ground Structure Approach，GSA）、基于图形和启发式准则的方法、混合元胞自动机法（Hybrid Cellular Automata，HCA）、水平集法（Level Set Method，LSM）和基于等效静态载荷的结构优化法（Equivalent Static Loads Method for Structural Optimization，ESLSO）等。本节将首先对近年来国内外专家和学者围绕结构碰撞拓扑优化方法和在车辆领域开展的应用研究进行综述，然后在此基础上对各方法的特点进行总结和讨论。

1.2.1　基结构法

基结构法首先利用简单的基本宏单元构成能够描述碰撞行为的设计空间，然后运用不同的方法删除或者调整这些宏单元，达到最优设计的目的。Soto 和 Diaz 等人最早提出利用方格布置的杆单元填充初始设计空间，并给这些单元赋予非线性的应变-位移特性和强度参数，通过调整这些参数对结构进行优化。Fredricson 等人通过在基结构中引入梁单元和铰链进一步扩展了该方法，并将其应用于整车静态弯曲和扭转工况下的结构拓扑优化。Pedersen 等人利用可实现大转动的塑性铰和矩形二维梁单元构成基结构（初始设计空间），以截面尺寸为主要设计变量，以碰撞结构的能量吸收历程为目标函数，借助解析灵敏度分析进行结构优化，并将其应用于正面碰撞工况下汽车前端结构的拓扑优化，然而该方法并没有考虑单元之间的接触非线性。此后，Pederson 等人又将该方法扩展到其他碰撞拓扑优化领域，如包含塑性区域的基结构模型，以梁单元的高度为设计变量并考虑加速度响应的结构碰撞拓扑优化领域。然而，由于基结构法只能处理相对较少数量的设计变量和实现有限的可变性，导致拓扑优化的结果严重依赖于初始基结构。此外，由于设计变量的限制，基结构法很难保证使用的简化模型具有和真实模型一样的碰撞行为。为了解决以上问题并提高计算效率，最近 Zhang 等人针对实际结构在多载荷下的拓扑优化问题提出了一种随机拓扑优化方法，然而该方法仍然存在诸多问题，迫切需要进一步深入研究。

1.2.2　基于图形和启发式准则的方法

基于图形和启发式准则的方法由 Schumacher 等人最早提出并逐步扩展和完善。从某种角度来看，该方法可以视为早期冒泡法的扩展和延伸。该方法基于抽象的结构图形表达，通常用于二维的设计空间，可以综合实现拓扑优化和

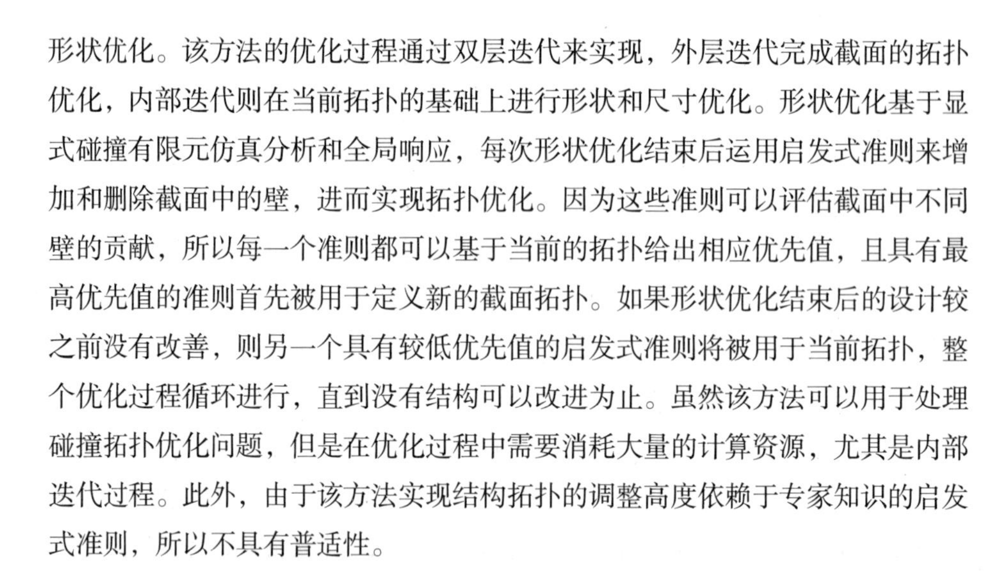

形状优化。该方法的优化过程通过双层迭代来实现，外层迭代完成截面的拓扑优化，内部迭代则在当前拓扑的基础上进行形状和尺寸优化。形状优化基于显式碰撞有限元仿真分析和全局响应，每次形状优化结束后运用启发式准则来增加和删除截面中的壁，进而实现拓扑优化。因为这些准则可以评估截面中不同壁的贡献，所以每一个准则都可以基于当前的拓扑给出相应优先值，且具有最高优先值的准则首先被用于定义新的截面拓扑。如果形状优化结束后的设计较之前没有改善，则另一个具有较低优先值的启发式准则将被用于当前拓扑，整个优化过程循环进行，直到没有结构可以改进为止。虽然该方法可以用于处理碰撞拓扑优化问题，但是在优化过程中需要消耗大量的计算资源，尤其是内部迭代过程。此外，由于该方法实现结构拓扑的调整高度依赖于专家知识的启发式准则，所以不具有普适性。

1.2.3 混合元胞自动机法

元胞自动机法是一种生物启发算法，是一种对由网状元胞表示的物理现象进行高效建模的技术，该方法将每一个元胞的特性用有限可能的状态来表征并根据相邻元胞的状态进行进化。元胞自动机的概念由 Ulam 和 Neumann 于 20 世纪中期率先提出。

20 世纪 90 年代元胞自动机方法开始应用于结构优化。Tovar 等人受到骨骼细胞修复的启发，最早将元胞自动机法应用于结构拓扑优化问题。混合元胞自动机方法类似于元胞自动机方法，也是利用有限状态的网状元胞进行建模，通过特定的更新准则删除某些元胞，利用保留的元胞表示最优结构，但与元胞自动机方法的不同之处在于混合元胞自动机法在更新准则中不仅利用了局部信息（元胞自身及其相邻元胞的信息），而且通过有限元分析利用了全局（设计空间）信息。

2010 年美国圣母大学的 Patel 和 Mozumder 通过将碰撞仿真中的显式有限元法应用到混合元胞自动机法的每一次迭代计算中，成功实现混合元胞自动机法在结构耐撞性设计中的应用。

2011 年，混合元胞自动机算法被集成到商业软件 LS-TaSC 中并给出了相应的应用实例，有力推动了该方法的工程应用。为解决基于 HCA 方法的拓扑优化结果中存在的结构失效风险，Guo 等人对混合元胞自动机算法进行了改进，提出了基于应变的动态多领域碰撞拓扑优化方法，同时在约束条件中增加了结构的最大应变，丰富了该方法的约束条件，保证了拓扑优化结构的完整性。随后，Bandi 等人为解决该问题，通过控制能量吸收提出一种新的混合元胞自动机法，该方法同样将设计空间分为两个子域以保证拓扑结构的完整性。为将混合元胞自动机法扩展到大量应用的板壳结构优化领域，Hunkerler 和 Stephan 等人提出基于混合元胞自动机的薄壁结构拓扑优化方法，然而该方法至今尚未在商业软件中实现，限制了该方法的工程应用。

2014 年，N. Aulig 等人基于混合元胞自动机方法建立了碰撞载荷下的多学科拓扑优化模型，该方法通过对碰撞载荷下结构的内能密度和静态载荷作用下的单元应变能密度进行加权求和实现不同学科的综合，并将该方法用于简支梁结构的拓扑优化，结果表明，通过恰当设置不同学科之间的权重可以实现与分学科拓扑优化同样的结果。由于混合元胞自动机法的计算效率与基于梯度的优化算法相当，使得该方法在汽车工业中得到了较为广泛的应用。然而，由于该方法在碰撞拓扑优化中基于体单元建立结构模型、通过启发式准则实现单元删除的特点，决定了其无法模拟碰撞工况下包含塑性大变形和复杂相互作用（如屈曲和破坏等）的汽车薄壁结构拓扑优化。

1.2.4　水平集法

水平集法是一种基于界面追踪和形状建模的数值计算方法，其最大优点是可以方便地追踪物体的拓扑结构改变。Osher 和 Sethian 最早提出水平集的概念，Haber 等人将该方法扩展到拓扑优化的几何描述中。此后，由于其在整个优化过程中可以通过简单的解析表达式表示大型结构的拓扑变化，受到了学者们的广泛关注。基于水平集法的拓扑优化方法不同于基于密度法的拓扑优化方法，它不是通过改变材料的相对密度来实现结构拓扑优化，而是通过材料分布的变化来改变表示材料边界的隐式参数化水平集函数来实现的，所以该方法要求必须在初始设计空间定义孔洞。由于该方法产生的拓扑优化结果的边界非常光滑，因此可以省去对拓扑优化结果进行工程诠释和工艺修正的过程。此外，由于该方法可以解决碰撞拓扑优化过程存在的材料接触、失效等高度非线性和不连续等问题，近年来受到了学者的重视。

考虑到碰撞拓扑优化问题的梯度计算非常困难，在没有可信的梯度信息的情况下，Bujny M.等人将水平集法和进化法相结合，提出进化水平集法。该方法利用进化算法驱动优化过程，既不需要考虑梯度信息，也不需要任何先验的启发式假设，所以该方法计算成本很高。为解决该方法计算成本高的问题，Bujny M.等人还提出通过应用近似梯度信息并进行拓扑变量预测来解决这一问题，该方法被用于解决薄壁结构的碰撞拓扑优化问题，然而从应用的角度出发，该方法还需要进一步研究解决计算成本高的问题。

李好等提出基于紧支径向基函数和离散小波分析的参数化水平集法，开展了基于形状导数的灵敏度分析，实现了基于参数化水平集方法的结构拓扑优化设计，并将其应用于挤压成型结构拓扑优化中，很好地解决了传统水平集方法的固有缺陷。

Weider等人将拓扑导数和水平集方法相结合，提出一种碰撞拓扑优化方法，提高了传统水平集法的优化效率。也有学者通过在进化水平集方法中引入低维度的参数化代理模型提出了一些改进方法，该方法首先通过确定数量的有限元分析建立代理模型，然后运用代理模型构建高效的近似目标函数，最后通过代理模型来取代实际模型直接进行优化。此外，有研究将水平集法与神经网络预测模型相结合，提出一种基于机器学习的进化水平集法，该方法的最大优势是可以在拓扑优化中考虑随机自适应特性的优越性，然而该方法目前仅被用于以最小柔度为优化目标的标准拓扑优化问题中。

1.2.5 基于等效静态载荷的结构优化法

基于等效静态载荷的结构优化法的基本思想是，将一个完整的非线性动力学碰撞过程等效为一个或者多个静态载荷作用下的简单线性静态工况，然后利用成熟的线性静态优化方法解决复杂的非线性动力学响应优化问题。由于这些静态载荷可以保证在其作用下的线性静态分析和对应非线性动态碰撞分析具有相同的力学效果，所以这些静态载荷被称为等效静态载荷（Equivalent Static Loads，ESLs）。根据载荷计算方式的不同，等效静态载荷可以分为物理等效静态载荷和数学等效静态载荷。

（1）基于物理等效静态载荷的结构优化法。

物理等效静态载荷是指基于碰撞过程中的结构能量、变形量、应变、应力或者结构碰撞过程中的整体接触力等全局物理响应计算得到的作用于部分特殊位置的等效静态载荷，如能量与变形量的比值、局部峰值碰撞力、最大碰撞力和平均碰撞力等。基于物理等效静态载荷的结构优化方法主要用于整车结构设计的碰撞载荷传递路径识别，通过这些等效碰撞载荷下的线性静态拓扑优化代替非线性动态碰撞拓扑优化。

高云凯等人用碰撞过程中的峰值力代替动态碰撞载荷，并考虑其他静态工况对轿车前舱结构进行综合拓扑优化，得到了前舱结构概念设计模型。Cavazzuti等人提出一种更为简单的等效静态载荷计算方法，该方法将动态的碰撞工况简化为仅作用于车轮中心、发动机、变速器和座椅连接点的单一静态载荷工况，并将其用于整车结构拓扑优化，该方法完全没有考虑碰撞过程的瞬态特性。Volz和Duddeck等人提出一种基于结构潜在吸能量和碰撞距离的等效静态载荷计算方法，并将其应用于车身后部结构的局部拓扑优化和整车不同碰撞工况下的全局拓扑优化中，结果表明该方法有助于识别最优的碰撞载荷传递路径和实现结构吸能最大。Christensen提出一种更为极端的等效静态载荷计算方法，该方法仅考虑碰撞过程中的一个时间点，并将该时刻的碰撞载荷等效为一个静态载荷，然后利用标准的线性静态拓扑优化方法完成结构优化。王国春等人将碰撞工况简化为平均碰撞力加载、惯性释放约束下的静态工况，实现包含多种碰撞、压顶和静态弯扭工况下的渐进空间拓扑优化。

（2）基于数学等效静态载荷的结构优化法。

数学等效静态载荷，是指通过严格数学等效定义的等效静态载荷，如通过线性刚度矩阵与碰撞分析的位移向量相乘得到的作用于每一个节点的等效静态载荷集。如果不做特殊说明，本书所提到的等效静态载荷均指基于数学的等效静态载荷。

基于数学等效静态载荷的结构优化法由韩国汉阳大学的Gyung-Jin park团队率先提出，该方法最初基于模态分析理论实现等效静态载荷的解析计算，从而将动态载荷转化为静态载荷，以保证关键时间点的动态位移与相应等效静态载荷下的静态位移相等。随后，该团队对基于等效静态载荷的结构优化方法进行了改进和完善，并指出关键时间点的动态载荷可以等效为作用于不同节点的多节点等效静态载荷，动态非线性载荷作用下的结构优化问题可以等效为一系列线性静态结构优化问题并将该方法扩展到了考虑所有时间点的弹性结构准静态优化问题。该方法的最大优势是通过在时间域上进行离散和空间域上进行线性化将复杂耗时的碰撞拓扑优化问题转化为高效成熟的线性静态拓扑优化问题，节省了大量的计算资源。

2002 年，该团队正式提出基于等效静态载荷的结构非线性静态响应优化方法，并从数学的角度证明了该方法的最优解满足库恩-塔克（Karush-Kuhn-Tucker，KKT）条件。此后，该方法受到了国内外专家学者的广泛关注并将其扩展到结构线性动力学响应尺寸优化、结构线性动力学响应形状优化、结构非线性静力学响应尺寸和形状优化、多刚体动力学结构尺寸优化、多柔体动力学结构尺寸优化和形状优化、结构非线性动力学响应尺寸优化、结构非线性动力学响应形状优化、结构非线性静力学响应拓扑优化、结构线性动力学响应拓扑优化、非线性气动弹性响应结构尺寸优化、结构非线性动力学响应拓扑优化以及结构参数和控制参数耦合优化问题等。然而，随着对该方法的深入研究，也有学者发现了一些问题，Mathias Stolpe 发现在证明等效静态载荷法的最优解满足 KKT 条件时存在错误和不足，并认为基于等效静态载荷法的结构优化方法在解决动力学响应结构优化设计问题时通常无法得到最优设计。Gyung-Jin Park 等人根据 Mathias Stolpe 的建议更正了验证过程，并证明了通过添加一些数学条件，基于等效静态载荷的结构优化方法的最优解满足 KKT 条件。之后，有学者们通过将等效静态载荷法与其他方法相结合拓展了该方法的研究内容，如将等效静态载荷法与强制位移法相结合提出一种新的结构非线性动力学响应优化方法并将其用于碰撞工况下乘用车 B 柱结构形貌优化、形状优化和尺寸优化，以及将等效静态载荷法与有限差分法和信道频率（数字）滤波法相结合提出可以考虑头部损伤标准值的结构碰撞优化方法，用于车身顶内饰材料的尺寸优化和发动机盖内板的自由尺寸优化。也有学者在利用 ESLSO 方法解决结构非线性动力学响应拓扑优化问题时发现了一些问题并提出了相应的改进方法，如针对结构非线性动力学响应拓扑优化（如碰撞拓扑优化）方法中存在的数值不稳定问题，学者们通过使用恰当的等效静态载荷增量法提出了一种新的基于等效静态载荷的结构非线性动力学响应拓扑优化方法，用于寻求薄壁结构在轴向碰撞条件下的塑性铰的最优位置和最佳拓扑，也有学者提出利用能量比例因子对等效静态载荷进行缩小的方法解决数值不稳定问题。还有学者为缓解基于等效静态载荷的结构优化法在解决结构线性动力学响应优化时存在的计算成本高的问题，将等效静态载荷法与模型降阶方法相结合提出一种高效的结构线性动力学响应尺寸优化方法，这些改进研究可以有效提高 ESLSO 法解决大型结构优化中的效率。此外，为改善 ESLSO 法的优化效率、加快优化过程收敛，陈涛等人提出基于梯段的等效静态载荷法，该方法在传统的基于等效静态载荷的结构优化法的外部循环中引入最速下降法，在保证收敛性的条件下提高了收敛速度。值得注意的是，基于等效静态载荷的结构优化法可以充分利用现有商业软件资源优势，减少了软件开发成本、增加了工程应用价值，受到了学者们的广泛关注，因此相关计算软件也得到了快速发展。

1.2.6　其他方法

除以上几种主要方法外，学者们还提出其他方法，如冒泡法、双向进化结构优化法、基于状态的表示法、基于遗传算法的结构碰撞优化方法、多领域多步骤拓扑优化方法（Multi-domain Multi-step Topology Optimization，MMTO）、复合域拓扑优化方法（Composite Domain Topology Optimization，CDTO）、薄壁结构进化碰撞拓扑优化法等。最近 Ebisugi 和 Soto 等人以单元厚度为设计变量，提出了一种在既定设计区域进行参数化材料分布的拓扑优化方法，并将其应用于碰撞拓扑优化中，实现了结构轻量化前提下碰撞能量的可控性。此外，吉林大学、大连理工大学、湖南大学、西北工业大学等高校和研究机构开展了大量的理论研究。

1.3　结构碰撞拓扑优化的应用研究现状

国内外文献资料表明，目前在车辆工程领域开展的结构碰撞拓扑优化应用研究大致可以分为以下三类：一是基于等效静态载荷开展的结构碰撞拓扑优化应用研究；二是基于混合元胞自动机法开展的结构碰撞拓扑优化应用研究；三是基于其他方法开展的结构碰撞拓扑优化应用研究。

1.3.1 基于等效静态载荷法的应用研究

等效静态载荷法的基本思想是将动态非线性碰撞拓扑优化问题转化为一个或者多个静态工况下的线性拓扑优化问题，从而解决车辆结构碰撞拓扑优化问题。

在基于等效静态载荷的结构碰撞拓扑优化中，等效静态载荷的产生有两种方式，一是基于碰撞过程中的能量、变形、应力等全局物理响应或者碰撞接触载荷进行物理等效静态载荷计算，然后在该等效静态载荷作用下进行拓扑优化，这类研究比较常见。Wang 等人基于 MMTO，以结构耐撞性为目标建立了车身骨架结构拓扑优化模型，通过多步优化后得到了较为满意的优化结果，但在整个优化过程中将碰撞过程简化为静态工况，完全没有考虑结构的动态非线性特性。谢伦杰等人利用三维实体单元建立了除乘员舱和动力总成外的电动汽车车身结构拓扑优化模型，将正面碰撞过程简化为静态工况，采用变密度法，以质量最小为目标、车身整体刚度为约束进行拓扑优化，以确定车身骨架布局和正面碰撞载荷的最优传递路径，但由于该方法没有考虑碰撞的动态特性，必须通过反复进行碰撞仿真分析才能保证结构的碰撞安全性。Volz 和 Duddeck 等人提出一种基于结构碰撞吸能量和碰撞距离的等效静态载荷计算方法，并将其应用于车身后部结构的拓扑优化和整车不同碰撞工况下的拓扑优化中，结果表明该方法有助于识别最优的碰撞载荷传递路径和实现结构吸能最大，但该方法无法考虑结构的非线性大变形特性和局部塑性变形行为。Christensen 等根据 FMVSS216 标准将压顶碰撞工况下的动态碰撞载荷用一个等静态载荷代替，建立了混合动力汽车车身顶部结构拓扑优化模型，在不增加质量的前提下显著提高了车身顶部结构的碰撞安全性。在此基础上，Christensen 还在结构拓扑优化中考虑了压顶碰撞中可能出现的部件屈曲问题，得到了更为满意的拓扑优化的结果并用于后期白车身的详细设计开发。邵微等人用高速列车碰撞过程中的最大碰撞力代替动态碰撞载荷，对列车车体端部进行拓扑优化，得到高速列车车体防撞装置的概念结构。王国春等人基于等效静态载荷法提出一种渐进空间拓扑优化技术，将多种碰撞工况简化为平均碰撞力加载、惯性释放约束条件下的静态工况，实现了多种碰撞、压顶和多种静态工况下某车身多学科拓扑优化，生成的拓扑优化结果能够满足工程设计需求，具有较高的工程实用价值。雷正保等人将碰撞工况等效为车轮中心约束、碰撞力加载下的静态工况，对某纯电动汽车车身乘客区开展了包括车噪声、振动与声振粗糙度（Noise、Vibration、Harshness，NVH）、碰撞和压顶等多工况、多目标拓扑优化设计，获得了乘员舱结构的最优拓扑。康涛等人利用平均碰撞力代替碰撞载荷对车门防撞结构进行碰撞拓扑优化设计，得到一种 Y 型防撞梁结构。常伟波通过施加等值静态载荷等效模拟正面碰撞时前纵梁受到的碰撞力，利用线性静态拓扑优化方法对轿车车身结构开展了多工况拓扑优化研究，实现了轿车车身正向概念设计。杨明森利用碰撞过程中刚性墙的碰撞反力代替碰撞载荷对汽车纵梁结构后段进行碰撞拓扑优化，得到纵梁结构的最优截面形状。由于这些研究将动态非线性碰撞过程等效为单一工况下的静态线性问题，所以优化结果完全依赖等效静态载荷的计算，无法保证优化结果的稳健性，必须通过碰撞分析反复检验优化结果，才能保证优化结果的有效性。

二是基于位移场或者应力场等效定义的数学等效静态载荷，这类等效静态载荷的典型特点是等效载荷作用于优化结构的所有节点上，动态碰撞工况可以等效为多节点载荷作用下的多个静态工况，基于这类方法开展的应用研究较少。高云凯等人基于等效静态载荷法对正面碰撞工况下的三维实体白车身结构进行拓扑优化，研究了不同约束条件和不同响应类型对拓扑优化结果的影响。郁聚峰基于等效静态载荷法对某 SUV 白车身有限元模型进行正面碰撞、侧面碰撞、追尾碰撞和压顶等工况下的多工况加权碰撞拓扑优化，得到了满意的白车身拓扑结构。方健等人基于等效静态载荷法建立某电动汽车整车拓扑优化模型，得到了电动汽车骨架的主要载荷传递路径。目前这类研究均在实体单元建立的有限元模型基础上，通过碰撞拓扑优化实现结构整体载荷传递路径的识别，由于实体单元无法准确模拟薄壁结构的塑性变形和吸能原理，所以该方法尚不能用于考虑薄壁结构塑性屈曲或叠缩变形情况下的结构大变形碰撞拓扑优化。

1.3.2　基于混合元胞自动机法的应用研究

混合元胞自动机法的优化目标是保证每一个三维实体单元的应变能密度趋于一致，虽然这种方法在工程中只能用于三维实体单元且并不能保证优化结果具有最佳的吸能特性，但由于该方法已经集成到成熟且广泛应用的显式非线性动力学分析软件 LS-DYNA 中，因此在工程中得到了比较广泛的应用。

郭连水等人基于混合元胞自动机法对保险杠横梁结构进行了碰撞拓扑优化。武和全等人基于混合元胞自动机法对正八边形汽车前纵梁结构进行了碰撞拓扑优化设计，得到了满足轴向强度的吸能结构。王冠建立了前保险杠横梁有限元模型，通过混合元胞自动机方法进行拓扑优化，得到了保险杠横梁的概念设计模型。黄鹏冲等人基于混合元胞自动机法开展汽车前舱主要碰撞安全部件正面碰撞工况下的拓扑优化和门槛梁结构侧碰工况下的等效拓扑优化，并根据拓扑优化结果重构了有限元模型，通过有限元碰撞仿真分析验证结构的碰撞安全性。甘宁等人基于混合元胞自动机法对车辆前端底架区域进行碰撞拓扑优化，得到底架的优化结构。谭纯运用基于能量控制的混合元胞自动机法对汽车前保险杠横梁和电动汽车动力电池箱结构进行碰撞拓扑优化，结果表明优化后结构的碰撞安全性得到了提高，质量明显降低。高云凯等人基于混合元胞自动机法对某汽车的铝合金保险杠横梁进行了碰撞拓扑优化设计，得到 H 型保险杠横梁结构，并运用参数优化方法对其进行了尺寸优化，取得了比较满意的结果。刘丰嘉等基于能量权重缩放的混合元胞自动机法对机车车体端部进行了碰撞拓扑优化，得到了给定约束条件下端部结构的最优拓扑结构。甘茂鹏基于混合元胞自动机法对某纯电动汽车前舱结构进行碰撞拓扑优化，根据拓扑优化的结果提取了前纵梁截面的拓扑优化构型。Nikola 等人通过在混合元胞自动机拓扑优化方法中引入基于缩放的能量加权法，在同时考虑静态载荷要求和能量吸收要求的情况下将其应用于车身结构多目标拓扑优化设计。雷正保等人基于混合元胞自动机法对某电动汽车正碰、侧碰、追尾碰撞和翻滚碰撞等工况下的车身局部和整体碰撞拓扑优化进行了较为全面而细致的研究。

综上可见，目前利用混合元胞自动机法开展的车辆结构碰撞拓扑优化均基于三维实体单元建立有限元模型，不能准确描述薄壁结构的变形模式和吸能机理，无法保证拓扑优化的结果适用于车辆中大量使用的薄壁结构。

1.3.3 基于其他方法的应用研究

除以上两个主要的应用研究领域，学者们还开展其他方面的应用研究，如

Pedersen 等人在基于二维梁单元和塑性铰建立的简化车身前端基结构模型上，利用目标碰撞力-位移曲线将碰撞拓扑优化问题简化为几个典型的非线性静态拓扑优化问题，借助模型灵敏度信息，运用移动渐近线法对前端结构进行了优化设计，得到了车身前端结构正面碰撞工况下的载荷传递路径。Farahani 等人基于 HEEDS 软件建立了某汽车大梁的碰撞模型，通过将该大梁结构按照碰撞过程中的变形特性分为若干个功能区,采用多 CPU 并行计算方法进行多区域拓扑优化，完成了大梁结构的拓扑优化设计。Soto 等人基于启发式优化算法和密度拓扑优化方法，对汽车前纵梁结构进行了碰撞拓扑优化，较好地控制了纵梁结构的碰撞变形模式。Forsberg 等人以每个单元的内能密度作为删除单元的准则，建立了白车身结构拓扑优化模型，实现了白车身的概念设计。舒磊等人基于复合域拓扑优化方法，在保证刚度和强度等性能的前提下，通过赋予结构设计域不同的材料质量分数，建立了某汽车车架前端结构的拓扑优化模型，通过拓扑优化设计出 X 型车架，提高了车架结构的碰撞安全性。

总之，国内外专家学者们基于其他方法在结构碰撞拓扑优化领域开展了大量应用尝试,但由于这些应用研究基本上都是基于某一特定类型的问题而开展，不具有工程普遍性，且由于部分研究不能充分利用现有商业软件平台的优势，只能保证优化方法可行性，无法兼顾工程应用的成本和效率。

1.4 现状总结与问题分析

目前，各种结构碰撞拓扑优化的研究现状与问题如下：

（1）基结构法的最大的优点是碰撞仿真计算成本低，但随着设计变量的增加,拓扑优化过程需要消耗大量的时间。该方法的最大缺点是只有通过大量的模型校准才可以建立精确反应碰撞行为的简化碰撞仿真模型。此外,由于受设计变量数量和变化范围的限制,设计空间的可变性也受限,且最终的拓扑优化结果高度依赖所建立的基结构模型。所以，该方法目前主要停留在理论探索阶段。

（2）基于图形和启发式准则的优化方法，虽然可以用于处理碰撞拓扑优化问题且可以同时实现拓扑、形状和尺寸一体优化，但是这种方法中通常采用启发式优化准则来实现结构拓扑优化，在优化过程中需要消耗大量的计算资源，尤其是内部迭代过程，所以该方法目前不适于解决实际工程问题。此外，由于结构拓扑的变化高度依赖启发式准则，所以其拓扑优化结果不具有一致性。

（3）水平集法虽然可以保证拓扑优化结果的边界光滑，省去对拓扑优化结果进行工程诠释和工艺修正的过程，但由于该方法的效率问题一直没有得到很好的解决，所以尚未发现在工程应用领域的成功案例。因此，从工程应用的角度出发，在提高计算效率、降低计算成本方面仍然需要投入大量努力。

（4）由于混合元胞自动机法的结构碰撞拓扑优化的计算效率与基于梯度的优化算法相当，使得该方法在汽车结构优化领域得到了较为广泛的应用。然而，该方法以每个单元的内能均匀分布为目标函数，且在碰撞优化中使用启发式准则进行单元删除，这并不能保证最优结果具有最佳的碰撞吸能特性。此外，该方法要求整个结构必须采用三维实体单元网格进行离散，这无法准确描述薄壁结构的局部变形特性（如塑性铰和轴向叠缩变形）和吸能机理（如弯曲变形能和薄膜变形能）。这些特点决定了混合元胞自动机方法不适于优化碰撞工况下包含塑性大变形和复杂相互作用的薄壁结构，也不能很好地描述广泛应用的薄壁结构的吸能机理和保证结构的整体吸能特性最优。虽然学者们对该方法进行了大量的改进研究，但是其基于能量均匀分布的启发式假设始终没有改变，所以拓扑优化的结果只能保证能量在结构上均匀分布，无法保证结构具有最佳的吸能特性和最优的碰撞安全性。

（5）基于等效静态载荷的结构优化法可以充分利用线性静态拓扑优化的成熟理论和现有商业软件资源优势，减少了软件开发成本、增加了工程应用价值，且相关计算软件也得到了快速发展。此外，该方法采用双层迭代技术，内层采用基于梯度的线性拓扑优化技术保证计算效率和优化结果的可靠性，外层循环通过碰撞分析修正模型，还原了碰撞过程的动态非线性本质。然而，该方法在解决碰撞引起的薄壁结构塑性大变形拓扑优化问题时存在的计算成本高、计算效率低、数值不稳定等问题亟待解决。

总之，目前就结构碰撞拓扑优化方法的研究而言，虽然已经开展了大量卓有成效的工作，也提出了不少的方法，但目前仍然存在计算成本高、优化效率低、收敛性差和计算不稳定等关键共性问题没有突破，且目前还没有提出一种公认有效的结构碰撞拓扑优化方法。在车辆结构碰撞拓扑优化应用研究领域，虽然混合元胞自动机法和基于等效静态载荷的结构优化法的应用相对较多，并且已经集成到成熟的商业软件中，但由于混合元胞自动机法必须基于三维实体单元网格进行结构离散和能量均匀分布的启发式算法进行优化，无法准确描述薄壁结构的局部变形特征与吸能模式，更无法保证优化结果具有最佳的吸能特性。基于等效静态载荷的结构优化方法是目前理论相对成熟且最具有应用前景的结构碰撞拓扑优化方法。然而，该方法在解决碰撞引起的薄壁结构塑性大变形拓扑优化问题时尚存在计算成本高、优化效率低和数值不稳定等问题亟待解决。本书将以基于等效静态载荷的结构优化方法和最具挑战性的结构碰撞拓扑优化方法为研究对象，针对以上问题对等效静态载荷计算方法进行改进，建立基于改进等效静态载荷的结构碰撞拓扑优化数学模型，搭建面向薄壁结构大变形碰撞工况的拓扑优化平台，开展兼顾汽车结构轻量化和耐撞性的拓扑优化研究，期望能为汽车结构耐撞性和轻量化设计提供一种全新思路和实用方法。

CHAPTER 2

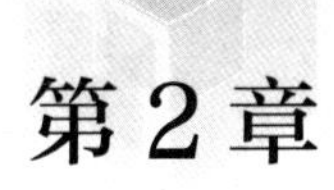

第2章

基于等效静态载荷的结构优化法

基于等效静态载荷的结构优化法（ESLSO）通过循环进行的四个模块解决结构碰撞拓扑优化问题，它们分别是：非线性动力学碰撞分析、等效静态载荷计算、线性静态拓扑优化、变量更新及模型重构，具体过程如图 2-1 所示。该方法将复杂的非线性动力学响应拓扑优化问题转化为简单高效的线性静态拓扑优化问题，通过充分利用成熟的线性灵敏度分析方法，避免了直接求解非线性灵敏度的复杂性，且非线性动力学碰撞分析中的网格扭曲问题可以通过碰撞拓扑模型的几何更新来解决。因此，该方法可以显著降低结构碰撞拓扑优化问题中由于结构的非线性与动力学耦合所导致的复杂性。以下对 ESLSO 法在解决碰撞拓扑优化问题时用到的四个模块分别进行详细介绍。

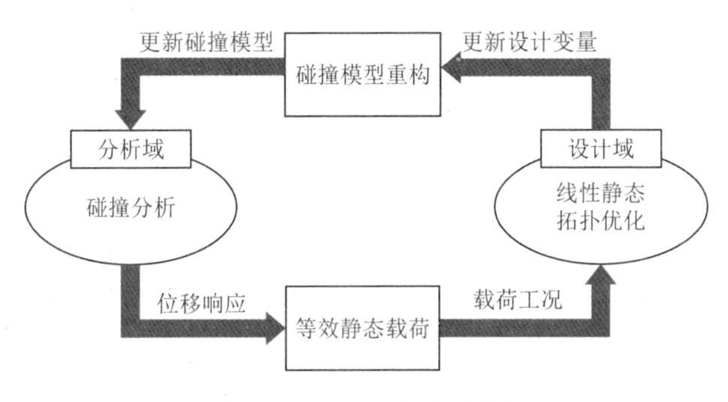

图 2-1　ESLSO 方法示意图

2.1　碰撞分析

汽车结构碰撞拓扑优化涉及具有高度非线性和瞬态特性的碰撞分析过程，需要通过足够小的时间步来捕捉碰撞中的动态变形特征，这决定了利用显式仿真算法进行碰撞分析更有优势。因此，本节将重点介绍显式碰撞仿真分析的基本理论以及常用汽车结构耐撞性评价指标。

2.1.1　碰撞分析理论与方法

有限元法诞生于 20 世纪 50 年代，其基本思想是将连续体结构离散为具有有限数量的、规则的小单元的集合，且这些单元与单元之间只通过节点相连接。汽车碰撞过程涉及以大变形、大转动和大应变为特征的几何非线性，以材料弹塑性变形为主要特征的材料非线性和以接触摩擦为特征的边界非线性，且这些非线性特性与动力学过程耦合使得汽车碰撞过程的精确描述和求解十分困难。目前，汽车碰撞分析过程主要是基于有限元方法的空间离散技术和基于有限差分法的时间离散技术进行求解，但由于汽车碰撞过程具有高度的非线性特性和瞬态特性，其物理本质决定了碰撞分析只能采用足够小的时间步长。因此，汽车碰撞分析过程一般采用显式有限元方法，下面将对基于显式有限元方法的碰撞分析理论进行介绍。

（1）构形描述。

为描述物质在受力变形过程中的状态，可以基于坐标来表示各个时刻物质（材料）所处的空间状态，将该描述方式称为构形描述。现代物理学表明，组成物体的基本单元是无数个微小的质点，通过质点的坐标变换可以对物体的运动状态进行很好的表征。设在初始时刻（$t=0$），物质点的坐标描述为X，分量形式为X_i（$i=1,2,3$），在当前时刻（$t=t$）与原位置X所对应的物质点的坐标x，分量形式x_i（$i=1,2,3$）。基于x_i的描述称为欧拉（Euler）描述，基于X_i的描述称为拉格朗日（Lagrange）描述。若两个构形之间的位移场为u，则两个构形之间的关系为：

$$\begin{cases} x = x(X,t) \\ u = u(X) = x(X,t) - X \end{cases} \tag{2-1}$$

汽车碰撞问题可以描述为：初始时刻（$t=0$）给定作用在${}^0\Gamma_{\mathrm{F}}$上的边界力${}^t\overline{q}$，作用在空间域${}^0\Omega$内的体积力${}^tb$和所关心的时间域$t\in[0,t]$内寻找满足下列条件的位移场$u(x,t)$。

（2）运动方程。

$$\frac{\partial^t\sigma_{ij}}{\partial^t x_j} + {}^tb_i = {}^t\rho {}^ta_i \tag{2-2}$$

式中：${}^t\sigma_{ij}$——t时刻的柯西（Cauchy）应力；

${}^tx_j$——t时刻的坐标分量；

${}^t\rho$——t时刻的密度；

${}^tb_i$——t时刻的体积力分量；

${}^ta_i$——t时刻的加速度分量。

（3）本构关系。

$$ {}^{t}S_{ij} = C_{ijkl}{}^{t}\varepsilon_{kl} \tag{2-3} $$

式中：${}^{t}S_{ij}$——二阶 Piola-Kirchhoff 应力张量；

C_{ijkl}——材料常数。

（4）初始条件。

$$ \left.\begin{aligned} u(X,0) &= \overline{u} \\ v(X,0) &= \overline{v} \end{aligned}\right\} \tag{2-4} $$

式中：$\overline{u}$和$\overline{v}$——初始位移和初始速度。

（5）已知边界条件。

$$ u(X,t) = {}^{t}\overline{u} \tag{2-5} $$

$$ {}^{t}\sigma_{ij}{}^{t}N_{ij} = {}^{t}\overline{q}_{i} \tag{2-6} $$

式中：${}^{t}\overline{u}$——给定的边界位移；

${}^{t}\overline{q}_{i}$——给定的单位面积上的边界力${}^{t}\overline{q}$的第i个分量；

${}^{t}N_{ij}$——力边界上的单位法向矢量${}^{t}N_{i}$的第j个分量。

（6）接触条件（在接触边界上）。

$$ \dot{p} = ({}^{t}v_{1} - {}^{t}v_{2}){}^{t}N_{1}^{1} \leqslant 0 \tag{2-7} $$

式中：${}^{t}v_{1}$和${}^{t}v_{2}$——点${}^{t}x_{1}$和${}^{t}x_{2}$处的速度。

法向接触力一般只能为压应力，两接触点之间法向接触力可表示为：

$$ {}^{t}q_{1} \leqslant 0 \tag{2-8} $$

单位面积上的合成摩擦力值${}^{t}q_{t}$可以表示为：

$$ {}^{t}q_{t} = \left[({}^{t}q_{2})^{2} - ({}^{t}q_{3})^{2}\right]^{1/2} \leqslant f\,{}^{t}q_{1} \tag{2-9} $$

式中：${}^{t}q_{2}$和${}^{t}q_{3}$——切向摩擦力分量，由库仑定律决定。

$$ {}^{t}v_{t} = 0 \quad (\text{当}\,{}^{t}q_{t} < f\,{}^{t}q_{1}\text{时}) \tag{2-10} $$

$$ {}^{t}v_{t} = -\lambda{}^{t}q_{t}^{2} \quad (\text{当}\,{}^{t}q_{t} = f\,{}^{t}q_{1}\text{时}) \tag{2-11} $$

式中：${}^{t}v_{t} = {}^{t}v_{t}^{1} - {}^{t}v_{t}^{2}$为两接触点之间的滑动速度，上式表示当${}^{t}q_{t} < f\,{}^{t}q_{1}$时，两点之间的滑动速度为零；当${}^{t}q_{t} = f\,{}^{t}q_{1}$时，两点之间的滑动速度为$-\lambda{}^{t}q_{t}^{2}$。

根据虚功原理，假设在时刻t有一虚位移场δu作用于结构，对应虚位移δu的虚应变为$\delta\varepsilon$，那么应力场${}^t\sigma$做的虚功为：

$$\delta W_{\mathrm{s}} = \int_{{}^t\Omega} {}^t\sigma \delta\varepsilon \, \mathrm{d}\Omega \tag{2-12}$$

式中：${}^t\Omega$——t时刻结构所占空间。

给定外力做的虚功为：

$$\delta W_{\mathrm{R}} = \int_{{}^0\Omega} {}^t b_i \delta u_i \, \mathrm{d}\Omega + \int_{{}^0\Gamma_{\mathrm{F}}} {}^t\overline{b}_i \delta u_i \, \mathrm{d}\Omega \tag{2-13}$$

式中：${}^t\Gamma_{\mathrm{F}}$——t时刻给定的表面力边界部分。

接触力做的虚功为：

$$\delta W_{\mathrm{C}} = \int_{{}^t\Gamma_{\mathrm{C}}^1} {}^t q_i (\delta u^2 - \delta u^1) {}^t N_i^2 \, \mathrm{d}S \tag{2-14}$$

式中：δu^1和δu^2——接触体 1 和 2 在给定接触边界${}^t\Gamma_{\mathrm{C}}^1$上的虚位移。

惯性力做的虚功为：

$$\delta W_{\mathrm{I}} = -\int_{{}^0\Omega} {}^t\rho \, {}^t a_i \delta u_i \, \mathrm{d}\Omega \tag{2-15}$$

根据虚功原理，则：

$$\delta W_{\mathrm{s}} - \delta W_{\mathrm{R}} - \delta W_{\mathrm{C}} - \delta W_{\mathrm{I}} = 0 \tag{2-16}$$

在碰撞过程中，应用增量拉格朗日表达式，在τ时刻，式(2-16)可以表示为：

$$\int_{{}^t\Omega} {}^\tau\sigma \delta\varepsilon \, \mathrm{d}\Omega - \int_{{}^0\Omega} {}^\tau b \delta u \, \mathrm{d}\Omega + \int_{{}^0\Gamma_{\mathrm{F}}} {}^t\overline{b}_i \delta u_i \, \mathrm{d}\Omega - \int_{{}^t\Gamma_{\mathrm{C}}^1} {}^\tau q_i (\delta u^2 - \delta u^1) {}^\tau N_i^2 \, \mathrm{d}S + \int_{{}^0\Omega} {}^0\rho \, {}^\tau a \delta u \, \mathrm{d}\Omega = 0 \tag{2-17}$$

应用有限元法对积分区域${}^\tau\Omega$和${}^t\Gamma_{\mathrm{C}}^2$进行离散可得：

$$\varepsilon = BU \tag{2-18}$$

$$u = QU \tag{2-19}$$

式中：ε——应变向量；

B——应变位移矩阵；

U——位移向量；

Q——位移插值矩阵。

将式(2-18)和式(2-19)带入式(2-17)可得：

$$(\delta U)^{\mathrm{T}}({}^{\tau}F-{}^{\tau}F_{\mathrm{e}}-{}^{\tau}F_{\mathrm{c}}+{}^{\tau}F_{\mathrm{a}})=0 \tag{2-20}$$

式中：δU——虚位移；

${}^{\tau}F$——内力矢量；

${}^{\tau}F_{\mathrm{e}}$——外力矢量；

${}^{\tau}F_{\mathrm{c}}$——接触力矢量；

${}^{\tau}F_{\mathrm{a}}$——惯性力矢量；

它们分别按下式计算：

$${}^{\tau}F=\int_{{}^{\tau}\Omega}B^{\mathrm{T}}{}^{\tau}\sigma\,\mathrm{d}\Omega \tag{2-21}$$

$${}^{\tau}F_{\mathrm{e}}=\int_{{}^{0}\Omega}Q^{\mathrm{T}}{}^{\tau}b\,\mathrm{d}\Omega+\int_{{}^{0}\Gamma_{\mathrm{F}}}Q^{\mathrm{T}}{}^{\tau}q\,\mathrm{d}S \tag{2-22}$$

$${}^{\tau}F_{\mathrm{c}}=\int_{{}^{0}\Gamma_{\mathrm{c}}^{2}}Q^{\mathrm{T}}{}^{\tau}q_{\mathrm{c}}\,\mathrm{d}s \tag{2-23}$$

$${}^{\tau}F_{\mathrm{a}}=\int_{{}^{0}\Omega}Q^{\mathrm{T}}{}^{0}\rho{}^{\tau}a\,\mathrm{d}\Omega=\left(\int_{{}^{0}\Omega}Q^{\mathrm{T}}{}^{0}\rho{}^{\tau}Q\,\mathrm{d}\Omega\right){}^{\tau}A=M{}^{\tau}A \tag{2-24}$$

$$M{}^{\tau}A={}^{\tau}F_{\mathrm{e}}+{}^{\tau}F_{\mathrm{c}}-{}^{\tau}F \tag{2-25}$$

式中：M——质量矩阵；

${}^{\tau}\ddot{u}$——节点加速度向量。

为提高求解效率，通常采用显式的中心差分法求解方程。根据显式的中心差分法，则有：

$$v^{t+(\Delta t/2)}=v^{t+(\Delta t/2)}+\Delta t\cdot A \tag{2-26}$$

$$u^{t+\Delta t}=u^{t}+\Delta t/2\cdot v^{t+(\Delta t/2)} \tag{2-27}$$

根据式(2-25)、式(2-26)和式(2-27)，$t+\Delta t$时刻的位移可以表示为：

$$u^{t+\Delta t}=u^{t}+v^{t-(\Delta t/2)}\cdot\Delta t/2+[M^{-1}({}^{\tau}F_{\mathrm{e}}+{}^{\tau}F_{\mathrm{c}}-{}^{\tau}F)](\Delta t/2)^{2} \tag{2-28}$$

式中： Δt——时间步；

$t-\Delta t$和$t+\Delta t$——前一时间点和当前时间点。

由于单元质量集中在节点上，所以质量矩阵M为对角矩阵，因而上述矩阵方程可以解耦为一系列独立方程，使得方程求解更加高效。然而，用于碰撞分析的有限元模型包含大量单元，并且显式中心差分法的时间步长很小，所以计算时间还是很长。

2.1.2 汽车结构耐撞性评价指标

汽车结构耐撞性是指在碰撞过程中能够尽可能多地吸收碰撞产生的能量，以降低传递到车内乘员上的动能。为了对结构的耐撞性特征进行量化评估，学者们提出了多种评价指标，主要包括总吸能（Eenergy Absorption，EA）、比吸能（Specific Energy Absorption，ESA）、平均碰撞力（Mean Crush Force，F_{avg}）、最大碰撞力（Maximum Crush Force，F_{max}）、碰撞力效率（Crush Force Efficiency，CFE）和碰撞力均匀性（Load Uniformity，LU）、碰撞力波动度（Undulation of Load-Carrying Capacity，ULC）、结构利用率（The Usage Ratio，UR）和有效碰撞距离（The Effective Crash Distance，d_{eff}）等，下面就汽车结构耐撞性评价中常用的几个重要评价指标进行介绍。

（1）总吸能（EA），表示结构在碰撞过程中吸收的能量总和，其具体定义如下：

$$\mathrm{EA}(d)=\int_0^d F(u)\,\mathrm{d}u \tag{2-29}$$

式中：$F(u)$——当碰撞距离为u时的瞬时碰撞力；

d——总碰撞距离。

该指标越大，表示结构在碰撞过程中吸能越多，代表结构的能量吸收能力越大，结构耐撞性越好。

（2）比吸能（SEA），用于描述结构吸能的质量效率，即碰撞过程中结构单位质量的能量吸收量，具体表达式如下：

$$\mathrm{SEA}(d)=\frac{\mathrm{EA}(d)}{M} \tag{2-30}$$

式中：M——结构质量。

该指标是衡量结构耐撞性的重要指标，同时也是兼顾结构轻量化和耐撞性的重要监测指标，指标越高表示结构的质量利用率越高，结构的耐撞性和轻量化兼顾得越好。

（3）平均碰撞力（F_{avg}），表示在碰撞过程中结构的平均碰撞载荷，定义为单位碰撞距离所对应的结构能量吸收量：

$$F_{avg}(d)=\frac{\mathrm{EA}(d)}{d} \tag{2-31}$$

该指标反映了结构碰撞距离的利用率，指标越高说明结构单位碰撞距离的吸能越多，耐撞性越好。

（4）最大碰撞力（F_m），是指结构碰撞过程中出现的碰撞力的最大值，定义如下：

$$F_m=\max\big(F(u)\big) \tag{2-32}$$

该指标过大会导致碰撞过程中乘员和行人造成严重的损伤，所以该指标越小越好。一般对于薄壁结构的轴向碰撞，最大碰撞载荷一般就是初始峰值载荷。

（5）碰撞力效率（CFE），指碰撞过程中的平均碰撞力与最大碰撞力的比值，定义如下：

$$\mathrm{CFE}(d)=\frac{F_{avg}(d)}{F_{max}(d)}\times 100\% \tag{2-33}$$

式中：$F_{max}(d)$——最大碰撞力。

很显然，该指标越接近1，说明碰撞力的波动越小，结构的吸能越平稳，结构的耐撞性越好。

（6）碰撞力均匀性（LU），定义为力效率的倒数，表达式如下：

$$\mathrm{LU}=\frac{F_{max}(d)}{F_{avg}(d)}\times 100\% \tag{2-34}$$

该指标用以表示碰撞载荷的变化程度，很显然，该指标越小越好。

（7）结构利用率（UR），定义为碰撞过程吸能结构的最大碰撞距离与总长度之比，表达式如下：

$$\mathrm{UR}=\frac{d}{l}\times 100\% \tag{2-35}$$

式中：l——吸能结构的总长度。

该指标通常用来衡量吸能盒结构的耐撞性，该指标越接近1，说明吸能结构的几何利用率越高，对于吸能盒结构该指标最好为1。

（8）有效碰撞距离（d_{eff}），定义为$\text{CFE}(d)\times\text{UR}(d)$取得最大值时的结构碰撞距离，具体定义如下：

$$d_{\text{eff}}=d|_{\max(\text{CFE}(d)\times\text{UR}(d))} \tag{2-36}$$

在结构空间布置允许的情况下，该指标越大，结构的吸能越高效，耐撞性越好。

2.2　等效静态载荷计算

等效静态载荷是指在线性静态分析中能够产生与动态非线性分析相同响应场的静态载荷集。因此，等效静态载荷可以通过各种不同的响应进行计算，如位移、应变、应力和能量等。对于碰撞工况下的结构优化问题，常采用位移计算等效静态载荷，所以这种等效静态载荷也被称为基于位移的等效静态载荷或位移等效静态载荷。根据等效静态载荷的定义（图 2-2），在任意时刻t，等效静态载荷被表示为：

$$F_{\text{eq}}(s)=K_{\text{L}}(\rho)\cdot u(t_{\text{s}})\quad s=1,2,3,\cdots,q \tag{2-37}$$

式中：$K_{\text{L}}(\rho)$——结构的线性刚度矩阵。

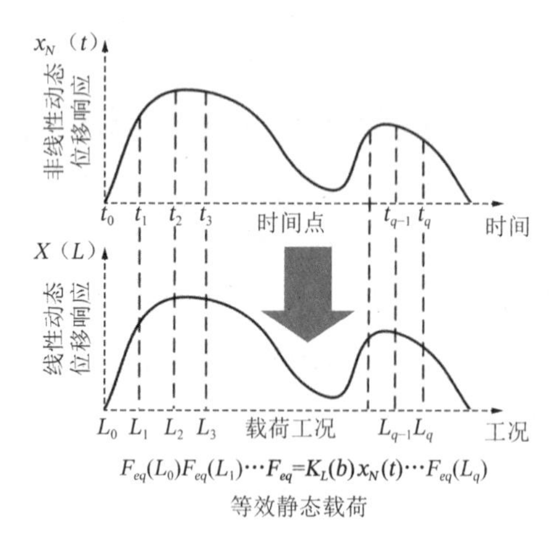

图 2-2　等效静态载荷的概念

在基于密度法（SIMP）的拓扑优化中，结构的刚度矩阵可以表述为单元相对密度的函数，即

$$K(\rho)=\sum_{i=1}^{n}\rho_i^p K_i \quad i=1,2,3,\cdots,n \tag{2-38}$$

式中：ρ_i——第i个单元的相对密度；

p——密度惩罚因子。

将每一时刻的等效静态载荷作用于线性静态系统就可以产生与非线性动力学分析相同的位移响应场。

2.3 线性静态拓扑优化

根据基于等效静态载荷的结构优化法，结构在碰撞工况下的非线性动力学响应拓扑优化问题可以等效为一系列等效静态载荷下的结构线性静态拓扑优化问题。

2.3.1 拓扑优化数学模型

根据 ESLSO 法，结构在碰撞载荷下的结构拓扑优化问题可以等效为：

$$\text{Find:}\ \rho_i \quad i=1,2,3,\cdots,n \tag{2-39a}$$

$$\min:\ C(\rho)=\sum_{s=1}^{q}\omega_{\mathrm{s}}\left[F_{\mathrm{eq}}(s)\cdot U(s)\right] \tag{2-39b}$$

$$\text{s.t.:}\ K_{\mathrm{L}}(\rho)\cdot U(s)=F_{\mathrm{eq}}(s) \tag{2-39c}$$

$$\rho^{\mathrm{T}}v\leqslant v_{\mathrm{f}}V \tag{2-39d}$$

$$0<\rho_{\min}\leqslant\rho_i\leqslant 1 \tag{2-39e}$$

式中：ρ——设计变量集，其中ρ_i表示第i个设计变量，定义为第i个单元的相对密度；

$C(\rho)$——目标函数，表示等效静态载荷$F_{\mathrm{eq}}(s)$作用下的结构柔度加权和，其中$U(s)$表示与$u(t_{\mathrm{s}})$严格对应的第s个等效静态载荷作用下的线性静态位移；

ω_{s}——第s个等效静态载荷工况的加权系数；

v——单元体积；

v_{f}——体积分数；

V——结构总体积；

$\rho_{\min}$——设计变量的下限值，主要是为了避免由于零密度引起的数值奇异问题。

2.3.2 拓扑优化灵敏度计算

拓扑优化灵敏度的求解的解析方法主要分为直接法和伴随法，由于拓扑优化的设计变量的数量远远大于约束函数的数量，所以通常使用伴随法可以有效提高求解效率。根据拉格朗日定律，t_{s}时刻的最小柔度拓扑优化问题［式(2-39)］的目标函数可以重新改写为：

$$C_{\mathrm{s}}(\rho)=F_{\mathrm{eq}}(s)\cdot U(s)-\tilde{X}^{\mathrm{T}}\left[\left(\sum_{i=1}^{n}\rho_i^{\mathrm{p}}K_i\right)\cdot U(s)-F_{\mathrm{eq}}(s)\right] \tag{2-40}$$

式中：$\tilde{X}^{\mathrm{T}}$——任意实常数向量；

$C_{\mathrm{s}}(r)$——等效静态载荷$F_{\mathrm{eq}}(s)$下的柔度函数。

则目标函数对单元相对密度r_i的导数可以表示为：

$$\frac{\partial C_{\mathrm{s}}(r)}{\partial r_i}=\left[F_{\mathrm{eq}}(s)-\tilde{U}^{\mathrm{T}}\left(\sum_{i=1}^{n}r_i^{\mathrm{p}}K_{\mathrm{e}}\right)\right]\frac{\partial U(s)}{\partial r_i}-\tilde{U}^{\mathrm{T}}\frac{\partial K_i}{\partial r_i}\tilde{U} \tag{2-41}$$

式中$\tilde{U}^{\mathrm{T}}$满足如下伴随方程：

$$F_{\mathrm{eq}}(s)-\tilde{U}^{\mathrm{T}}\left(\sum_{i=1}^{n}r_i^{\mathrm{p}}K_{\mathrm{e}}\right)=0 \tag{2-42}$$

所以，方程(2-41)可进一步表示为：

$$\frac{\partial C_{\mathrm{s}}(r)}{\partial r_i}=-\tilde{U}^{\mathrm{T}}\frac{\partial K_i}{\partial r_i}\tilde{U} \tag{2-43}$$

方程(2-42)和方程(2-39c)是相同的且对于最小柔度问题满足$\tilde{U}=U$。因此，最小柔度问题的灵敏度可以简单表示为：

$$\frac{\partial C_{\mathrm{s}}(r)}{\partial r_i}=-\tilde{U}^{\mathrm{T}}\frac{\partial K_i}{\partial r_i}\tilde{U}=-pr_i^{\mathrm{p}-1}U^{\mathrm{T}}(s)K_iU(s) \tag{2-44}$$

在线性范围内，如果将等效静态载荷$F_{\mathrm{eq}}(s)$被放大l倍，则新的等效静态载荷$F_{\mathrm{eq}}^{\mathrm{New}}(s)$可以表示为：

$$F_{\mathrm{eq}}^{\mathrm{New}}(s)=lF_{\mathrm{eq}}(s) \tag{2-45}$$

此时，相应的目标函数及其灵敏度可以表示为：

$$C_{\mathrm{s}}^{\mathrm{New}}(r)=l^2F_{\mathrm{eq}}(s)^{\mathrm{T}}U(s)-l^2\tilde{U}^{\mathrm{T}}\left[\left(\sum_{e=1}^{N_{\mathrm{e}}}b_{\mathrm{e}}^{\mathrm{p}}K_{\mathrm{e}}\right)U(s)-F_{\mathrm{eq}}(s)\right]=l^2C_{\mathrm{s}}(r) \tag{2-46}$$

$$\frac{\partial C_{\mathrm{s}}^{\mathrm{New}}(r)}{\partial r_i}=-l^2pr_{\mathrm{e}}^{\mathrm{p}-1}U^{\mathrm{T}}(s)K_iU(s)=l^2\frac{\partial C_{\mathrm{s}}(r)}{\partial r_i} \tag{2-47}$$

由式(2-46)和(2-47)可以看出，如果将等效静态载荷放大l倍，则相应的目标函数及其拓扑灵敏度均被扩大到原来的l^2倍。值得注意的是，在这个过程中目标函数关于任意设计变量r_i的相对灵敏度并没有发生变化，这意味着在整个优化过程中除目标函数被整体放大l^2倍外，拓扑优化的结果和目标函数的迭代历程并没有发生变化。换句话说，对于以上所研究的最小柔度拓扑优化问题，在线性范围内如果对等效静态载荷进行整体缩放时并不会影响最终的拓扑优化结果。

2.4　变量更新及模型重构

为了解决碰撞分析过程中由于低密度单元引起的网格扭曲问题，通过引入过渡变量提出了一种低密度单元删除策略。过渡变量定义为：

$$\alpha_i=\begin{cases}0 & \text{where } r_i\leqslant\varepsilon_1\\ 1 & \text{where } r_i>\varepsilon_1\end{cases}:\quad i=1,\cdots,n \tag{2-48}$$

式中：α_i——ρ_i的过渡变量；

ε_1——分离因子，是定义在$r_{\min}$与 1 之间的固定常数。

如果密度ρ_i小于ε_1，则相应的单元将被删除；如果密度ρ_i大于等于ε_1，则相应的单元将被保留。这样就可以保证在对拓扑优化结果进行再次分析之前删除那些可能引起网格扭曲的低密度单元，从而解决碰撞分析过程中存在的网格扭曲问题。

2.5　存在的问题及原因分析

基于等效静态载荷的结构优化法（ESLSO）可将复杂耗时的非线性动力学响应优化问题转化为等效静态载荷作用下的线性静态拓扑优化问题，为解决结构非线性动力学响应优化问题提供了一种有效的途径。然而，该方法在解决汽车碰撞引起的结构塑性大变形拓扑优化问题时尚存在以下亟待解决的问题，现在总结如下：

（1）计算成本高、优化效率低。

汽车结构碰撞是一个包含几何非线性、材料非线性和接触非线性的瞬态动力学过程，其物理本质决定了仿真分析过程必须采用足够小的时间步来捕捉碰撞过程中的结构动态变形特性，所以需要耗费大量的计算资源。结构碰撞拓扑优化问题是一个具有高度非线性的结构动力学响应拓扑优化问题，在利用基于等效静态载荷的结构优化方法驱动结构大变形碰撞优化问题时，由于结构非线性分析和线性分析的差异很大，必须通过大量外层循环逐步消除，这意味着结构碰撞拓扑优化需要进行多次碰撞分析和拓扑优化，这使得碰撞拓扑优化的计算成本大幅增加、优化效率明显降低。此外，基于等效静态载荷的结构优化法仅利用拓扑优化的结果（相对密度）更新设计变量（模型），导致相邻两个外层循环之间的继承性不强，这也是导致整个碰撞拓扑优化过程效率不高的重要原因。

（2）低密度单元问题。

在利用基于等效静态载荷的结构优化法（ESLSO）驱动结构碰撞拓扑优化时，线性静态拓扑优化的结果将被用于下一个循环的结构碰撞分析，但是由于拓扑优化结果中包含大量低密度单元，直接将该结果用于非线性碰撞分析将产生网格扭曲问题，影响碰撞分析过程的效率，甚至由于这些低密度单元出现负体积（负面积）或负雅克比引起碰撞分析出错，破坏拓扑优化结果的收敛性。虽然可以通过引入过渡变量，在对拓扑优化结果进行碰撞分析之前删除低密度单元来解决碰撞过程中出现的网格扭曲问题，但是由此产生的其他问题依然很多。首先，低密度单元被删除后可能出现剩余单元与主结构不连续的问题，这将导致结构在碰撞分析中产生奇异结构问题，致使结构碰撞分析错误终止，整个碰撞拓扑优化过程中断；其次，拓扑优化结果中的低密度单元对于线性分析的影响是可以忽略的，但对于碰撞分析并非如此，因此删除拓扑优化结果中低密度单元将进一步增大了线性分析和非线性分析之间的差异、降低碰撞拓扑优化效率，甚至导致拓扑优化的结果既不是全局最优解也不是局部最优解；此外，到目前为止尚没有提出计算分离因子的明确方法，已有研究建议参考体积分数进行设置，但这仅适用于包含体积约束的优化问题。

（3）数值不稳定问题。

基于等效静态载荷的结构优化法（ESLSO）在驱动结构碰撞拓扑优化问题时，内层拓扑优化迭代过程都是在线性静态范围内进行的，但是由于结构碰撞问题通常伴随有屈曲大变形，使得基于位移的等效静态载荷被放大，致使在线性拓扑优化过程中重构的平衡方程严重超出线性范围，产生数值不稳定问题，甚至由于放大等效静态载荷作用下的结构柔度过大而导致线性静态拓扑优化异常终止。此外，为使线性静态分析与非线性碰撞分析产生相同的位移场，基于等效静态载荷的结构优化方法要求等效静态载荷作用在优化模型的每一个节点上，然而随着线性拓扑优化的进行，单元的密度不断变化，而作用在这些单元节点上的等效静态载荷并没有发生变化，这时低密度单元就会出现局部大变形，产生“刺猬效应”，引起单元柔度迅速增长，破坏优化过程的稳定性。值得注意的是，在利用基于等效静态载荷的结构优化方法解决碰撞拓扑优化问题时由于删除密度单元产生的“自由节点”同样可以导致“刺猬效应”，破坏优化过程的稳定性。因此，基于等效静态载荷的结构碰撞拓扑优化对节点载荷非常敏感。

2.6　本章小结

本章详细阐述了基于等效静态载荷的结构优化法（ESLSO）在求解结构碰撞拓扑优化问题时的完整过程和相关理论，并深入分析了该方法在解决结构大变形碰撞拓扑优化问题时存在的问题及原因。首先，根据汽车结构碰撞的特点简要阐述了结构碰撞分析的基本理论并引入了结构耐撞性的主要评价指标；然后，详细介绍了等效静态载荷的基本概念和计算方法；接着，构建了基于等效静态载荷的结构碰撞拓扑优化数学模型和优化流程，分析和推导了等效静态载荷作用下的结构线性拓扑优化灵敏度，并从理论上分析了等效静态载荷对线性拓扑优化的影响；再次，详细介绍了基于等效静态载荷的结构优化法在解决结构碰撞拓扑优化问题时采用的变量更新和模型重构技术；最后，深入剖析了基于等效静态载荷的结构优化方法在解决碰撞拓扑优化问题时存在的问题及原因，为后续章节开展相关方法改进研究奠定了基础。

CHAPTER 3

第3章

基于降阶等效静态载荷的结构碰撞拓扑优化法

为解决 ESLSO 法在解决碰撞拓扑优化问题时存在的计算成本高、优化效率低、优化过程不稳定和优化结果不可行等问题，本章将模型降阶理论与等效静态载荷法相结合提出了一种改进的等效静态载荷——降阶等效静态载荷，并据此建立了基于降阶等效静态载荷的结构碰撞拓扑优化数学模型和优化流程。在整个碰撞拓扑优化过程中，首先根据结构碰撞分析结果将整个碰撞模型分为线性区域和非线性区域，然后通过对线性区域进行模型降阶，以降低碰撞分析成本、提高计算效率；接着基于降阶刚度矩阵和相应节点位移向量计算降阶等效静态载荷，并在拓扑优化过程中，对降阶等效静态载荷作用下的非设计区域进行线性模型降阶，以提高拓扑优化效率；最后，通过对拓扑优化后的设计区域进行模型降阶，并以超单元的形式嵌入碰撞分析模型，以解决由于低密度单元引起的网格扭曲问题。此外，由于整个优化过程中没有删除任何单元和载荷，保证了拓扑优化模型和碰撞分析模型的一致性，改善了整个优化过程的收敛性，提高了优化效率。

3.1　碰撞模型降阶理论与方法

在结构碰撞分析中，通常利用有限元法对结构进行离散，使得无限自由度的连续结构转化为有限自由度的离散模型。模型降阶方法通过构造一个合适的子空间（坐标变换矩阵）将原模型的变形坐标映射至子空间，以实现缩减模型规模、降低计算成本、提高计算效率的目标，这一过程也被称为有限元模型的自由度凝聚。根据坐标转换矩阵和降阶后变形坐标的不同，模型降阶方法可以分为：物理子空间法和非物理子空间法。从力学角度来讲，将复杂有限元模型降阶方法有：凝聚法、模态综合法以及 Ritz 基向量法等。

在物理子空间法中，降阶后的变形坐标全部为物理坐标，在解决结构分析和优化方面具有独特优势。Guyan 及其衍生算法、动态凝聚算法、改进降阶系统法（Improved Reduced System，IRS）及其衍生方法、系统等效降阶扩展过程法（System Equivalent Reduction Expansion Process，SEREP）以及系统等效降阶扩展过程-改进了降阶系统法（System Equivalent Reduction Expansion Process-Improved Reduced System, SEREP-IRS）、统等效降阶扩展过程-Guyan 法（System

Equivalent Reduction Expansion Process-Guyan，SEREP-Guyan）等两步模态降阶法均属于这一类降阶方法。

在非物理子空间法中，降阶后的变形坐标一部分为物理坐标，另一部分属于非物理坐标，如模态综合法，边界自由度仍然使用物理坐标，而内部自由度采用模态坐标表示。这一类降阶方法有：模态综合法（Component Mode Synthesis，CMS）、由 Krylov 向量组成的模态综合法（Component Mode Synthesis spanned by Krylov vectors，KCMS）、改进的模态综合法（Improved Component Mode Synthesis，ICMS）以及系统等效降阶扩展过程-模态综合法（System Equivalent Reduction Expansion Process-Component Mode Synthesis，SEREP-CMS）、系统等效降阶扩展过程-由 Krylov 向量组成的模态综合法（System Equivalent Reduction Expansion Process-Component Mode Synthesis spanned by Krylov vectors，SEREP-KCMS）、系统等效降阶扩展过程-改进的模态综合法（System Equivalent Reduction Expansion Process-Improved Component Mode Synthesis，SEREP-ICMS）、系统等效降阶扩展过程-由 Krylov 向量组成的改进模态综合法（System Equivalent Reduction Expansion Process-Improved Component Mode Synthesis spanned by Krylov vectors，SEREP-IKCMS）等两步降阶方法。

在非物理子空间法中，还有一些方法通过坐标转换矩阵将原模型变形坐标映射至子空间，如 Krylov 子空间法利用 Krylov 向量构成 Krylov 子空间，然后将原模型映射到 Krylov 子空间中。相比之下，物理子空间法最大优点是降阶模型能够保留物理坐标，在解决试验-分析模态、模型修正、损伤识别、灵敏度分析和结构优化等问题上有独特的优势。根据所研究问题的不同，模型降阶方法又可以分为线性模型降阶法和非线性模型降阶法。

目前，非线性模型降阶法主要分为：离散经验插值法（DEIM）、先验超级降阶法（APHR）和基于 Gappy-pod 方法的广义分解方法（PGD）。此外，基于模态导数法的模型降阶方法也被广泛应用于结构非线性动力学模型降阶。然而，这些方法并没有在高度非线性的结构碰撞模型中得到验证且这些方法有时候需要调用外部求解器对控制方程进行积分运算和修改，具有很强的程序侵入性。最近，学者们针对结构碰撞仿真提出一种非侵入性的参数化模型降阶方法，然而该方法目前还不能与非开源的碰撞分析软件，如 LSDYNA 软件等，联合使用。

总之，目前由于非线性模型降阶方法的侵入性和复杂性，这些非线性模型降阶方法还无法应用于结构碰撞拓扑优化领域。与此同时，线性静态和动态模型降阶方法已经广泛应用于大型结构的碰撞分析领域。考虑到在汽车碰撞过程中,通常是部分区域发生塑性大变形而其他大部分区域只是发生小的线性振动。因此，直接将线性模型降阶方法应用于整个模型会产生较大的误差，而直接使用非线性模型降阶方法十分复杂且很难利用现有成熟商业软件的优势，所以工程应用严重受限。可见，在结构碰撞分析领域，进行模型降阶十分具有挑战性。

如果根据结构在碰撞分析中的变形特性先将结构分为线性区域和非线性区域，然后针对线性区域运用线性模型降阶理论进行模型简化而针对非线性区域不做任何处理，这样既可以提高碰撞分析过程的效率又可以保证碰撞分析结果的精度。然而，目前鲜有研究将模型降阶方法与等效静态载荷相结合用于碰撞引起的薄壁结构塑性大变形拓扑优化。因此，本章重点阐述物理子空间方法中的线性模型降阶方法。

3.1.1 Guyan 算法

Guyan 和 Irons 在 1965 年首次提出了可通过删除模型中不需要的自由度实现有限元模型自由度缩减的模型降阶算法，这种算法也被称为 Guyan 算法。由于该算法在模型降阶过程中忽略了动态效应,这种方法通常也称为静态凝聚法。目前，它仍然是最常用的模型降阶方法之一。在本章中，主要介绍静态模型降阶法和动态模型降阶法。

（1）静态模型降阶。

根据有限元理论，离散模型的静态平衡方程可以表示为：

$$KX = F \tag{3-1}$$

为方便起见，以下称未进行模型降阶的模型为全阶模型，降阶后的模型为降阶模型。假设全阶模型的所有自由度分为主自由度（或保留自由度）和从自由度（次自由度或凝聚自由度）并分别用下标 m（master）和 s（slave）表示。通过这种自由度分离，平衡方程(3-1)可以重新整理为：

$$\begin{bmatrix} K_{\mathrm{mm}} & K_{\mathrm{ms}} \\ K_{\mathrm{sm}} & K_{\mathrm{ss}} \end{bmatrix} \begin{Bmatrix} X_{\mathrm{m}} \\ X_{\mathrm{s}} \end{Bmatrix} = \begin{Bmatrix} F_{\mathrm{m}} \\ F_{\mathrm{s}} \end{Bmatrix} \tag{3-2}$$

式中：$X_{\mathrm{s}} \in R^{s}$——凝聚从自由度的位移向量；

$X_{\mathrm{m}} \in R^{m}$——保留主自由度的位移向量。

通过简单的矩阵运算可以将式(3-2)展开为：

$$K_{\mathrm{mm}}X_{\mathrm{m}} + K_{\mathrm{ms}}X_{\mathrm{s}} = F_{\mathrm{m}} \tag{3-3}$$

$$K_{\mathrm{sm}}X_{\mathrm{m}} + K_{\mathrm{ss}}X_{\mathrm{s}} = F_{\mathrm{s}} \tag{3-4}$$

通过对方程(3-4)进行简单矩阵计算，X_{s}可以用X_{m}表示为：

$$X_{\mathrm{s}} = -K_{\mathrm{ss}}^{-1}K_{\mathrm{sm}}X_{\mathrm{m}} + K_{\mathrm{ss}}^{-1}F_{\mathrm{s}} \tag{3-5}$$

很显然，由于模型的线性性质，从自由度的位移可以表示为两部分。一部分是由主自由度的位移引起的，称为附加位移，另一部分是由直接作用在从自由度上的外力引起的，称为相对位移。将方程(3-5)代入方程(3-3)得：

$$K_{\mathrm{R}}X_{\mathrm{m}} = F_{\mathrm{R}} \tag{3-6}$$

式中：$K_{\mathrm{R}} \in R^{m\times m}$——对应于主自由度的刚度矩阵；

$F_{\mathrm{R}} \in R^{m}$——作用在主自由度上的等效力向量，它们分别定义为：

$$K_{\mathrm{R}} = K_{\mathrm{mm}} - K_{\mathrm{ms}}K_{\mathrm{ss}}^{-1}K_{\mathrm{sm}} \tag{3-7}$$

$$F_{\mathrm{R}} = F_{\mathrm{m}} - K_{\mathrm{ms}}K_{\mathrm{ss}}^{-1}F_{\mathrm{s}} \tag{3-8}$$

方程(3-6)为相应于主自由度的静态平衡方程。

因为主自由度和从自由度之间的位移关系是结构的本质属性，与外加的载荷无关，所以假设方程(3-5)中$F_{\mathrm{s}} = 0$，则主自由度和从自由度之间的关系可以表示为：

$$X_{\mathrm{s}} = R_{\mathrm{G}}X_{\mathrm{m}} \tag{3-9}$$

式中：$R_{\mathrm{G}} \in R^{s\times m}$——Guyan 降阶矩阵，具体定义为：

$$R_{\mathrm{G}} = -K_{\mathrm{ss}}^{-1}K_{\mathrm{sm}} \tag{3-10}$$

由于在降阶矩阵的推导过程中忽略了作用在从自由度上的载荷，所以主自由度和从自由度之间的关系与载荷无关。这种模型降阶方法最早由 Guyan 提出，所以被称为 Guyan 算法。利用方程(3-10)，全阶模型的位移向量X可以表示为：

$$X = \begin{Bmatrix} X_{\mathrm{m}} \\ X_{\mathrm{s}} \end{Bmatrix} = T_{\mathrm{G}}^{\mathrm{T}}X_{\mathrm{m}} \tag{3-11}$$

式中：$T_G \in R^{n\times m}$——坐标转换矩阵，用于实现所有自由度和主自由度之间的响应的转换，具体定义为：

$$T_G = \begin{Bmatrix} I \\ R_G \end{Bmatrix} \tag{3-12}$$

式中：I——$m \times n$阶单位矩阵。

将方程(3-11)代入方程(3-1)并前乘T_G的转置可得：

$$K_G X_m = F_G \tag{3-13}$$

式中：$K_G \in R^{m\times m}$——降阶模型的刚度矩阵；

$F_G \in R^{n\times m}$——作用于主自由度的等效载荷。它们分别定义为：

$$K_G = T_G^T K T_G \tag{3-14}$$

$$F_G = T_G^T F \tag{3-15}$$

根据子矩阵和子向量的计算，方程(3-14)和(3-15)可以重新整理为：

$$K_G = K_{mm} - K_{ms} K_{ss}^{-1} K_{sm} \tag{3-16}$$

$$F_G = F_m + T_G^T F_s = F_m - K_{ms} K_{ss}^{-1} F_s \tag{3-17}$$

可见，方程(3-16)和(3-17)与方程(3-7)和(3-8)完全一致。方程(3-13)为降阶模型的静力学平衡方程，描述模型降阶后的力学状态。很显然，降阶模型含有m自由度，远小于全阶模型的n自由度。为方便起见，将定义全阶模型的坐标系称为全阶坐标，将定义降阶模型的坐标称为降阶坐标。当主自由度位移响应得到后，可以通过方程(3-5)或者(3-9)计算从自由度的位移。因此，这种模型降阶方法通常用于删除静态问题中不需要的自由度，例如有限元单元的内部自由度。

（2）静态超单元。

静态超单元是基于以上静态降阶方法的一种子结构模型降阶方法。假设整个结构可以分为N个子结构，则第i个子结构的平衡方程可以表示为：

$$K^{(i)} X^{(i)} = F^{(i)} \tag{3-18}$$

式中：$K^{(i)}$——第i个子结构的刚度矩阵；

$X^{(i)}$——节点位移响应向量；

$F^{(i)}$——作用在该子结构的节点载荷向量，其中，$F^{(i)}$包括原来作用于该子结构的外力向量${}^{E}F^{(i)}$和该子结构进一步细分导致的作用在界面上的内力向量${}^{I}F^{(i)}$。因此，该载荷向量可以表示为：

$$F^{(i)} = {}^{E}F^{(i)} + {}^{I}F^{(i)} \tag{3-19}$$

假设该结构经过有限元方法离散后共包含n_i个自由度。根据静态减缩的方法所有自由度分为主自由度和从自由度，分别表示为m_i和s_i，则内力和外力向量可以表示为：

$${}^{E}F^{(i)} = \begin{Bmatrix} {}^{E}F_{\mathrm{m}}^{(i)} \\ {}^{E}F_{\mathrm{s}}^{(i)} \end{Bmatrix} \tag{3-20}$$

$${}^{I}F^{(i)} = \begin{Bmatrix} {}^{I}F_{\mathrm{m}}^{(i)} \\ {}^{I}F_{\mathrm{s}}^{(i)} \end{Bmatrix} = \begin{Bmatrix} {}^{I}F_{\mathrm{m}}^{(i)} \\ 0 \end{Bmatrix} \tag{3-21}$$

因此，分块矩阵形式的平衡方程可以表示为：

$$\begin{bmatrix} K_{\mathrm{mm}}^{(i)} & K_{\mathrm{ms}}^{(i)} \\ K_{\mathrm{sm}}^{(i)} & K_{\mathrm{ss}}^{(i)} \end{bmatrix} \begin{Bmatrix} x_{\mathrm{m}}^{(i)} \\ x_{s}^{(i)} \end{Bmatrix} = \begin{Bmatrix} {}^{E}F_{\mathrm{m}}^{(i)} \\ {}^{E}F_{\mathrm{s}}^{(i)} \end{Bmatrix} + \begin{Bmatrix} {}^{I}F_{\mathrm{m}}^{(i)} \\ 0 \end{Bmatrix} \tag{3-22}$$

$$K_{\mathrm{R}}^{(i)} X_{\mathrm{R}}^{(i)} = F_{\mathrm{m}}^{i} = {}^{E}F_{\mathrm{m}}^{(i)} + {}^{I}F_{\mathrm{m}}^{(i)} \tag{3-23}$$

式中：

$$K_{\mathrm{R}}^{(i)} = K_{\mathrm{mm}}^{(i)} - K_{\mathrm{ms}}^{(i)} \left(K_{\mathrm{ss}}^{(i)}\right)^{-1} K_{\mathrm{sm}}^{(i)} \tag{3-24}$$

$${}^{I}F_{\mathrm{m}}^{i} = -K_{\mathrm{ms}}^{(i)} \left(K_{ii}^{(i)}\right)^{-1} {}^{E}F_{\mathrm{s}}^{(i)} \tag{3-25}$$

在结构优化分析中，子结构的降阶模型可以视为一个超单元，$K_{\mathrm{R}}^{(i)}$为超单元的刚度矩阵；$X_{\mathrm{R}}^{(i)}$为超单元的节点位移向量；F_{m}^{i}为作用在超单元上的节点载荷向量，其中${}^{E}F_{\mathrm{m}}^{i}$和${}^{I}F_{\mathrm{m}}^{i}$分别为作用在超单元上的内部和外部节点载荷向量。

3.1.2 碰撞模型降阶理论

（1）碰撞模型线性化。

根据第 2 章的内容可知，经有限元离散后，结构碰撞问题的非线性动力学微分方程(2-25)可以表示为（为便于表达，以下方程中不再显式表达时间变量）：

$$M\ddot{u} + F_{\mathrm{int}} = F_{\mathrm{ext}} \tag{3-26}$$

式中：$\ddot{u}$——加速度向量，$\ddot{u} = A$；

F_{ext}——外力向量，$F_{\mathrm{ext}} = F_{\mathrm{e}}$；

F_{int}——内力向量，包括阻尼力，$F_{\mathrm{int}} = F - F_{\mathrm{e}}$。

结构碰撞分析中存在几何、材料和接触非线性且属于典型的瞬态动力学过程，所以计算复杂耗时。在显式有限元方法中，以单元分析计算为主，非常适用于并行计算。因此，目前常采用显式动力学方法求解方程(3-26)。在式(3-26)中，通常内力F_{int}是节点位移、速度和其他变量的非线性函数。考虑到在结构碰撞中部分结构会通过塑性变形吸收大量能量，而其他大部分结构仅发生小的线性振动。因此，在提高碰撞分析效率时可以考虑先将模型分为线性部分和非线性部分。在小变形和线性材料本构关系下，可以利用线性有限元方法进行求解。在线性有限元方法中，内力通常可以表示为节点位移向量与结构刚度矩阵的乘积，其中刚度矩阵在整个分析过程中只需要生成一次且保持不变。所以，针对碰撞模型中的线性部分有必要对方程(3-26)在合适的工作点进行线性化，即：

$$F_{int} = K_e \cdot u_e \tag{3-27}$$

式中：u_e——单元节点位移向量；

K_e——单元刚度矩阵，可以进一步表示为：

$$K_e = K_e^{tang} = \frac{\partial F_{int}}{\partial u_e} \tag{3-28}$$

将方程(3-27)代入方程(3-26)得：

$$M\ddot{u} + K_e \cdot u_e = F_{ext} \tag{3-29}$$

方程(3-29)即为线性化的单元结构碰撞微分方程，则线性结构的动力学方程可以表示为：

$$M\ddot{X} + K \cdot X = F \tag{3-30}$$

（2）Craig-Bampton 模型降阶。

固定界面模态综合法最早由 Hurty 提出，随后 Craig-Bampton 在此基础上提出了著名的 Craig-Bampton 模型降阶法。为简单起见，假设如图 3-1 所示的结构系统分为 A 和 B 两个部件。经过有限元离散后每个部件都包含用于连接两个部件的边界节点和与其他部件无关的内部节点，相应节点的自由度分别称为边界自由度和内部自由度。A 部件的运动方程可以表示为：

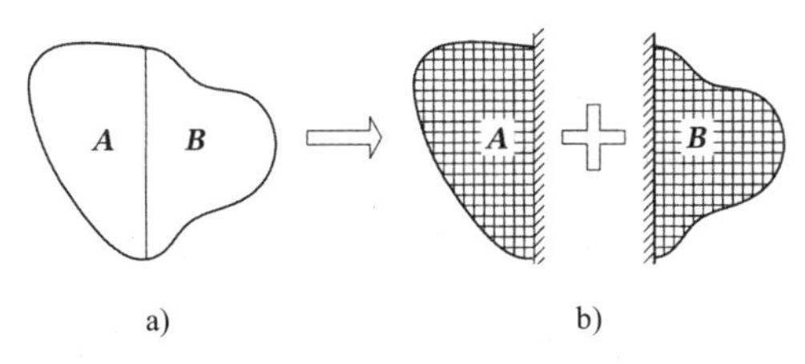

图 3-1　在界面节点固定的情况下将一个结构分为两个组件

$$M^{\mathrm{A}}\ddot{X}^{\mathrm{A}}+K^{\mathrm{A}}\cdot X^{\mathrm{A}}=F^{\mathrm{A}} \tag{3-31}$$

式中：A——部件 A。

令n^{A}、$n_{\mathrm{B}}^{\mathrm{A}}$和$n_{\mathrm{I}}^{\mathrm{A}}$分别表示总自由度数、边界自由度数和内部自由度数且满足关系$n^{\mathrm{A}}=n_{\mathrm{B}}^{\mathrm{A}}+n_{\mathrm{I}}^{\mathrm{A}}$。基于以上对自由度的分类，动力学方程为：

$$\begin{bmatrix} M_{\mathrm{BB}}^{\mathrm{A}} & M_{\mathrm{BI}}^{\mathrm{A}} \\ M_{\mathrm{IB}}^{\mathrm{A}} & M_{\mathrm{II}}^{\mathrm{A}} \end{bmatrix}\begin{Bmatrix} \ddot{X}_{\mathrm{B}}^{\mathrm{A}} \\ \ddot{X}_{\mathrm{I}}^{\mathrm{A}} \end{Bmatrix}+\begin{bmatrix} K_{\mathrm{BB}}^{\mathrm{A}} & K_{\mathrm{BI}}^{\mathrm{A}} \\ K_{\mathrm{IB}}^{\mathrm{A}} & K_{\mathrm{II}}^{\mathrm{A}} \end{bmatrix}\begin{Bmatrix} X_{\mathrm{B}}^{\mathrm{A}} \\ X_{\mathrm{I}}^{\mathrm{A}} \end{Bmatrix}=\begin{Bmatrix} F_{\mathrm{B}}^{\mathrm{A}} \\ F_{\mathrm{I}}^{\mathrm{A}} \end{Bmatrix} \tag{3-32}$$

式中：B和I——边界和内部。

为了实现子结构的模型降阶，进行如下坐标转换：

$$X^{\mathrm{A}}=\begin{Bmatrix} X_{\mathrm{B}}^{\mathrm{A}} \\ X_{\mathrm{I}}^{\mathrm{A}} \end{Bmatrix}=\begin{bmatrix} I & 0 \\ \Phi_{\mathrm{C}} & \Phi_{\mathrm{N}} \end{bmatrix}\begin{bmatrix} X_{\mathrm{B}}^{\mathrm{A}} \\ P_{\mathrm{N}}^{\mathrm{A}} \end{bmatrix}=[\hat{\Phi}_{\mathrm{C}} \quad \hat{\Phi}_{\mathrm{N}}]\begin{bmatrix} X_{\mathrm{B}}^{\mathrm{A}} \\ P_{\mathrm{N}}^{\mathrm{A}} \end{bmatrix}=T_{\mathrm{CP}}P^{\mathrm{A}} \tag{3-33}$$

式中：P^{A}——降阶模型 A 的坐标，它包括部件的边界自由度$X_{\mathrm{B}}^{\mathrm{A}}$和广义坐标$P_{\mathrm{N}}^{\mathrm{A}}$；

$\hat{\Phi}_{\mathrm{C}}$——该部件的约束模态矩阵，可以表示为：

$$\hat{\Phi}_{C}=\begin{bmatrix} I \\ -(K_{\mathrm{II}}^{\mathrm{A}})^{-1}K_{\mathrm{IB}}^{\mathrm{A}} \end{bmatrix} \tag{3-34}$$

显然，约束模态矩阵表示子结构在界面自由度依次处于单位位移下而剩余的界面自由度处于约束状态且内部自由度处于自由状态下产生的静态挠度。根据这一定义，约束模态集是静态完备的，即约束模态的叠加足以确定仅施加在界面上的外力作用下部件的结构响应。

Φ_{N}表示部件的本征模态，可以通过求解如下特征值方程得到：

$$K_{\mathrm{II}}^{\mathrm{A}}\Phi_{\mathrm{II}}^{\mathrm{A}}=M_{\mathrm{II}}^{\mathrm{A}}\Phi_{\mathrm{II}}^{\mathrm{A}}\Lambda_{\mathrm{II}}^{\mathrm{A}} \tag{3-35}$$

由于本征模态Φ_{N}是在界面自由度约束的情况下进行分析的，因此Φ_{N}也被称为固定界面模态。在以上模态分析时有多少个内部自由度就能产生多少个模态，但是考虑到仅前几阶模态对整个结构的动态响应具有显著的影响，因此高阶模态在实际分析中会被截断，导致模态矩阵是不完备的。方程(3-33)代入(3-32)并前乘$T_{\mathrm{CP}}^{\mathrm{T}}$得：

$$m_{\mathrm{Fixed}}^{\mathrm{A}}\ddot{P}^{\mathrm{A}}+k_{\mathrm{Fixed}}^{\mathrm{A}}P^{\mathrm{A}}=f_{\mathrm{Fixed}}^{\mathrm{A}} \tag{3-36}$$

式中，降阶质量矩阵、降阶刚度矩阵和等效载荷向量可以表示为：

$$m_{\mathrm{Fixed}}^{\mathrm{A}}=T_{\mathrm{CP}}^{\mathrm{T}}M^{\mathrm{A}}T_{\mathrm{CP}}=\begin{bmatrix} m_{\mathrm{BB}}^{\mathrm{A}} & m_{\mathrm{BN}}^{\mathrm{A}} \\ m_{\mathrm{NB}}^{\mathrm{A}} & m_{\mathrm{NN}}^{\mathrm{A}} \end{bmatrix} \tag{3-37}$$

$$k_{\text{Fixed}}^{\text{A}} = T_{\text{CP}}^{\text{T}} K^{\text{A}} T_{\text{CP}} = \begin{bmatrix} k_{\text{BB}}^{\text{A}} & k_{\text{BN}}^{\text{A}} \\ k_{\text{NB}}^{\text{A}} & k_{\text{NN}}^{\text{A}} \end{bmatrix} \tag{3-38}$$

$$F_{\text{Fixed}}^{\text{A}} = T_{\text{CP}}^{\text{T}} F^{\text{A}} = \begin{bmatrix} f_{\text{B}}^{\text{A}} \\ f_{\text{N}}^{\text{A}} \end{bmatrix} \tag{3-39}$$

其中，降阶质量矩阵的子矩阵可以表示为：

$$m_{\text{BB}}^{\text{A}} = M_{\text{BB}}^{\text{A}} + \Phi_{\text{C}}^{\text{T}} M_{\text{IB}}^{\text{A}} + M_{\text{BI}}^{\text{A}} \Phi_{\text{C}} + \Phi_{\text{C}}^{\text{T}} M_{\text{II}}^{\text{A}} \Phi_{\text{C}} \tag{3-40a}$$

$$m_{\text{NB}}^{\text{A}} = (m_{\text{BN}}^{\text{A}})^{\text{T}} = M_{\text{BI}}^{\text{A}} \Phi_{\text{N}} + \Phi_{\text{C}}^{\text{T}} M_{\text{II}}^{\text{A}} \Phi_{\text{N}} \tag{3-40b}$$

$$m_{\text{NN}}^{\text{A}} = \Phi_{\text{N}}^{\text{T}} M_{\text{II}}^{\text{A}} \Phi_{\text{N}} = I_{\text{NN}}^{\text{A}} \tag{3-40c}$$

类似的，降阶刚度矩阵的子矩阵可以表为：

$$k_{\text{BB}}^{\text{A}} = K_{\text{BB}}^{\text{A}} + \Phi_{\text{C}}^{\text{T}} K_{\text{IB}}^{\text{A}} \tag{3-41a}$$

$$k_{\text{NB}}^{\text{A}} = (k_{\text{BN}}^{\text{A}})^{\text{T}} = K_{\text{BI}}^{\text{A}} \Phi_{\text{N}} + \Phi_{\text{C}}^{\text{T}} K_{\text{II}}^{\text{A}} \Phi_{\text{N}} = 0 \tag{3-41b}$$

$$k_{\text{NN}}^{\text{A}} = \Phi_{\text{N}}^{\text{T}} K_{\text{II}}^{\text{A}} \Phi_{\text{N}} = \Lambda_{\text{NN}}^{\text{A}} \tag{3-41c}$$

式中：$\Lambda_{\text{NN}}^{\text{A}}$——方程(3-35)中特征值矩阵的子矩阵，它由相应于正则模态矩阵 $\hat{\Phi}_{\text{C}}$ 中的特征值向量的特征值组成。

载荷向量的子向量可以表示为：

$$f_{\text{B}}^{\text{A}} = F_{\text{B}}^{\text{A}} + \Phi_{\text{C}}^{\text{T}} F_{\text{I}}^{\text{A}} \tag{3-42a}$$

$$f_{\text{N}}^{\text{A}} = \Phi_{\text{N}}^{\text{T}} F_{\text{I}}^{\text{A}} \tag{3-42b}$$

将方程(3-37)到(3-42)代入方程(3-36)得：

$$\begin{bmatrix} m_{\text{BB}}^{\text{A}} & m_{\text{BI}}^{\text{A}} \\ m_{\text{IB}}^{\text{A}} & m_{\text{II}}^{\text{A}} \end{bmatrix} \begin{Bmatrix} \ddot{X}_{\text{B}}^{\text{A}} \\ \ddot{X}_{\text{I}}^{\text{A}} \end{Bmatrix} + \begin{bmatrix} k_{\text{BB}}^{\text{A}} & 0 \\ 0 & k_{\text{II}}^{\text{A}} \end{bmatrix} \begin{Bmatrix} X_{\text{B}}^{\text{A}} \\ P_{\text{N}}^{\text{A}} \end{Bmatrix} = \begin{Bmatrix} f_{\text{B}}^{\text{A}} \\ f_{\text{N}}^{\text{A}} \end{Bmatrix} \tag{3-43}$$

显然，只有质量在模态坐标和边界坐标之间耦合，所以m_{BI}^{A}和m_{IB}^{A}称为动态耦合项。

3.2 降阶等效静态载荷计算

为克服基于等效静态载荷的结构优化法在解决结构碰撞拓扑优化中存在的计算成本高、优化效率低等问题与不足，本书提出一种基于降阶等效静态载荷的结构碰撞拓扑优化法（RESLTO）。如图 3-2 所示，本书所提出的基于降阶等效静态载荷的结构碰撞拓扑优化法主要分为模型降阶域、分析域和设计域，这与基于等效静态载荷的结构优化法（ESLSO）（图 2-1）有明显不同。在基于降阶等效静态载荷的结构碰撞拓扑优化方法中，模型降阶理论首先应用于碰撞分析域，一方面用来解决由于拓扑优化中低密度单元引起的网格扭曲问题，另一方面降低碰撞分析成本、提高计算效率。随后，模型降阶理论用于设计域，实现等效静态载荷作用下的拓扑优化模型降阶，以提高这一过程的优化效率。

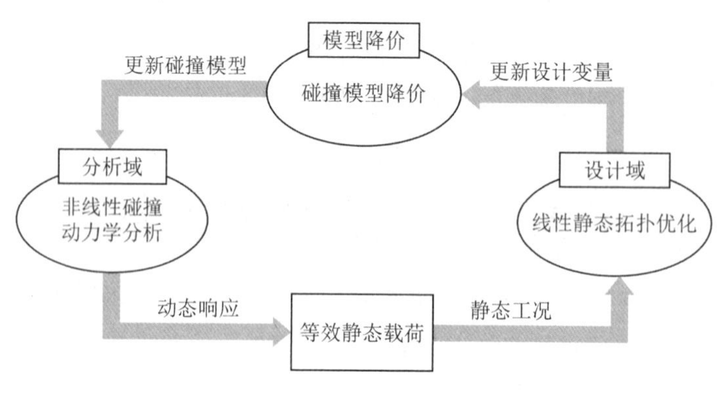

图 3-2　RESLTO 法的流程示意图

在运用基于等效静态载荷的结构优化法求解结构碰撞工况下的拓扑优化问题时，将整个非线性动力学响应拓扑优化问题转化为一系列等效静态载荷作用下的线性静态拓扑优化问题，这个过程需要耗费大量的计算资源。考虑到在汽车结构碰撞工况下，通常内能最大的时间点是工程师们最为关心的，因此该时间点也被称为关键时间点。本书在碰撞拓扑优化中，为提高优化效率仅针对关键时间点附近进行拓扑优化。因此，在关键时间点基于降阶模型的等效静态载荷［简称降阶等效静态载荷（RESLs）］可以表示为降阶刚度矩阵和相应位移向量的乘积，即，

$$F_{\mathrm{req}}(L_{\mathrm{c}}) = K_{\mathrm{R}} \cdot x_{\mathrm{B}}(t_{\mathrm{c}}) \tag{3-44}$$

式中，降阶等效静态载荷F_{req}仅作用在主节点上，且等效静态工况L_c与碰撞过程的关键时间点t_{c}严格对应。在降阶等效静态载荷作用下结构的柔度可以表示为：

$$f(b) = X_{\mathrm{B}}(L_{\mathrm{c}})F_{\mathrm{req}}(L_{\mathrm{c}}),\ \ c = 1, \cdots, q \tag{3-45}$$

式中，$X_B(L_c)$为降阶等效静态载荷作用下的线性静态位移向量与动态碰撞分析下相应关键时间点的结构位移向量完全相等。此时，结构在碰撞载荷下的拓扑优化问题可以转化为关键时间点附近的多工况线性静态拓扑优化问题。

3.3 基于降阶等效静态载荷的结构碰撞拓扑优化理论

基于降阶等效静态载荷的结构碰撞拓扑优化理论主要包括，建立基于降阶等效静态载荷的结构碰撞拓扑优化数学模型、明确基于降阶等效静态载荷的结构碰撞拓扑优化流程和变量更新准则等。

3.3.1 基于降阶等效静态载荷的结构碰撞拓扑优化数学模型

根据等效静态载荷法的思想，结构碰撞拓扑优化问题可以等效为关键时间t_c附近降阶等效静态载荷作用下的多工况结构线性静态拓扑优化问题，目标函数定义为不同时刻降阶等效静态载荷作用下的结构柔度加权和，具体优化数学模型可以表示为：

$$\text{find: } b \in R^n \tag{3-46a}$$

$$\text{to min: } \sum_c w_c X_B(L_c) F_{\text{req}}(L_c),\ c = 1, \cdots, q \tag{3-46b}$$

$$\text{subject to: } K(b)X(L_c) = F_{\text{req}}(L_c) \tag{3-46c}$$

$$\nu^T b \leqslant f_v V \tag{3-46d}$$

$$0.0 < b_{\min} \leqslant b_j \leqslant 1.0,\ j = 1, \cdots, n \tag{3-46e}$$

式中：$b \in R^n$——拓扑设计变量向量；

b_j——第j个单元的相对密度；

$b_{\min}$——防止优化过程中出现数值奇异问题而定义的单元密度下限；

w_c——第c个等效静态载荷工况的加权系数；

ν——单元体积向量；

f_v——给定体积分数；

V——整个设计区域的体积。

3.3.2 基于降阶等效静态载荷的结构碰撞拓扑优化流程

如图 3-3 为基于降阶等效静态载荷的结构碰撞拓扑优化法的拓扑优化过程，该方法主要通过以下两个过程提高计算效率：在分析域，碰撞分析在降阶模型上进行，这样既可以避免碰撞分析过程中由于低密度单元出现而导致的网格扭曲问题，又可以加速整个碰撞分析过程。在优化域，等效静态载荷作用下的非设计区域以超单元的形式存在，在整个拓扑优化过程中降阶模型不做任何调整，所以降阶刚度矩阵只需要生成一次。在线性静态拓扑优化过程中，对非设计区域进行模型降阶，并使其以超单元的形式集成到拓扑优化过程中，这大大提高了拓扑优化的效率。此外，由于在整个优化过程中没有删除任何低密度单元和等效静态载荷，最大限度地保证了非线性碰撞分析模型和线性拓扑优化模型的一致性，同时在一定程度上缓解了线性拓扑优化中由于低密度单元导致的柔度过大问题，进而改善了数值稳定性。具体优化过程如下：

第 1 步：构建降阶碰撞模型并进行碰撞分析。

如图 3-4 所示为降阶碰撞模型的构建过程，则碰撞模型构建和分析具体过程如下：

（1）在相同工况下，对碰撞模型进行多次碰撞分析，并根据分析结果将整个碰撞模型分为大变形非线性区域和小变形线性区域；

（2）对小变形线性区域的非线性模型进行线性化，并对线性化模型进行模型降阶处理，生成降阶刚度矩阵；

（3）将降阶模型以超单元的形式与非线性模型耦合形成降阶碰撞模型；

（4）对降阶碰撞模型进行碰撞分析，并输出位移、加速度和能量等碰撞响应。

值得注意的是，在将整个碰撞模型分为大变形非线性区域和小变形线性区域时，可以针对每一个外部分循环采用机器学习方法进行精确划分，但是这种方法需要消耗大量计算资源，且不适合复杂工程问题。在处理实际工程问题时通常根据经验保守划分线性区域，首先保证碰撞分析的精度，其次考虑碰撞拓扑的优化效率。因此，在实际应用中选择非线性部分最大、线性部分最小的划分方案进行碰撞拓扑优化。

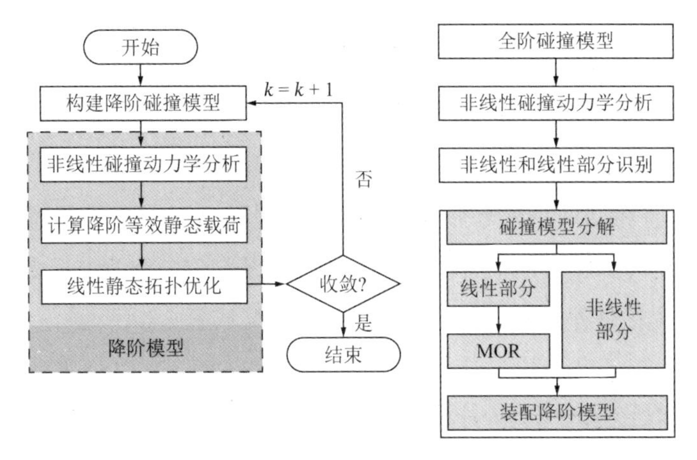

图 3-3　RESLTO 方法的优化流程　　图 3-4　碰撞模型降阶过程

第 2 步：计算降阶等效静态载荷。

根据公式(3-44)利用第 1 步计算得到的降阶刚度矩阵和相应位移向量，计算关键时间点附近的降阶等效静态载荷。

第 3 步：建立降阶拓扑优化模型并实现降阶等效静态载荷下的拓扑优化。

（1）以第 1 步中的线性区域为拓扑优化的设计空间并定义目标函数、体积约束和收敛系数等；

（2）对降阶等效静态载荷作用下的非设计区域利用Guyan算法进行模型降阶，并与设计区域耦合形成全局降阶拓扑优化模型；

（3）对降阶优化模型进行拓扑优化。

第 4 步：收敛性判断。

如果以下收敛条件中任意一个满足要求，则优化过程终止，否则进行下一循环直到收敛条件满足：

$$\text{条件 1：}\sqrt{\frac{\sum_{j=1}^{n}\left(b_j^{\mathrm{cyc}+1}-b_j^{\mathrm{cyc}}\right)^2}{\sum_{j=1}^{n}\left(b_j^{\mathrm{cyc}}\right)^2}}\leqslant C_1 \tag{3-47}$$

$$\text{条件 2：}\frac{\left|f^{\mathrm{cyc}+1}(b)-f^{\mathrm{cyc}}(b)\right|}{f^{\mathrm{cyc}}(b)}\leqslant C_2 \tag{3-48}$$

$$条件3：cyc \geqslant C_3 \tag{3-49}$$

式中：cyc——循环次数；

b_j^{cyc}和f^{cyc}——分别为第cyc个外部循环的设计变量和目标函数。

条件 1 判断相邻两个外部循环之间目标函数的相对变化量是否低于C_1；条件 2 用来检查相邻两个外部循环之间设计变量的相对变化量是否小于C_2；条件 3 用来控制外部循环的最大次数不超过C_3，以上 3 个条件中只要其中任意一个满足，则优化过程终止，否则令$k = k + 1$继续从第 1 步开始。

3.4 实例计算与结果分析

为了验证本书所提出的 RESLTO 方法的优越性，下面将该方法应用于一个简化车身结构在碰撞工况下的拓扑优化设计问题。整个优化过程在 16 核 i7 处理 Windows7 环境下进行。其中，碰撞分析由软件 LS-DYNA 完成，拓扑优化在 OPTISTRUCT 软件中进行，等效静态载荷计算和各软件之间的数据交换与运算在 MATLAB 环境中进行。

3.4.1 简化车身正面碰撞模型降阶

如图 3-5a）所示，根据车身结构的刚度设计特点，在正面碰撞过程中整个车身结构以防火墙为分界线分为刚度较小的前端碰撞吸能区域和刚度较大的乘员安全保护区域。前端结构通常刚度较小，主要用于碰撞过程中吸收碰撞能量，中间刚度较大的部分主要用于保证碰撞过程中乘员的生存空间不被侵入。因此，在正面碰撞工况下车身结构可以简化为厚度分布不同的两段矩形截面薄壁梁，其中用于表示汽车前端吸能区域的采用厚度较小的薄壁梁，在碰撞过程中将发生严重的塑性变形；剩余的用于表示乘员保护区域的部分使用较厚的薄壁梁，该部分结构在碰撞过程中仅发生线性振动。

如图 3-5b）所示为简化车身结构的正面碰撞模型，该模型包含 3900 个壳单元，模拟质量为 0.1T 的刚性墙以 15km/h 的初速度撞击车身前端。简化车身结构的长度为 1520mm，宽和高均为 1000mm，其中车身前端的长度为 400mm。

材料的弹性模型为210GPa、切线模量为107GPa、屈服应力为340MPa、泊松比为0.33、密度为7.9×10^{-9}T/mm^3。在碰撞模型中，位于非线性部分和线性部分交界处的节点称为界面节点，其相应自由度称为界面自由度。位于车身前端的节点A、B和C以及界面节点E、F、G、H为该碰撞模型的关键节点，用于考查汽车碰撞过程中前端碰撞吸能区和乘员保护区的动力学特性。基于以上特性，为提高计算效率、降低计算成本，在正面碰撞分析过程中将变形较小的线性部分进行线性模型降阶，并以超单元的形式耦合到整车碰撞模型中，从而得到简化车身结构在正面碰撞工况下的全局降阶模型。

图3-5c）为降阶后的简化车身结构碰撞模型，该模型仅包含1100个壳单元，线性部分由降阶的刚度矩阵和质量矩阵表示，所以没有在图中显示出该部分且在整个优化过程中既没有删除该部分的任何单元，也不删除该部分的等效静态载荷，很好地保证了碰撞分析和拓扑优化模型的一致性，同时可以避免碰撞分析过程中由于低密度单元所引起的局部网格扭曲问题，提高了碰撞分析的效率。

为了说明降阶模型的精度和计算效率，本书对降阶模型和全阶模型下的碰撞分析结果进行了对比，重点是对用于表征前端碰撞吸能区和成员保护区的关键节点的位移和加速度响应进行了详细对比分析。此外，还提取碰撞模型的耐撞性指标，对结构的耐撞性进行了分析和评价，并将评价结果作为衡量优化后结构耐撞性能的基础。

为了说明降价模型的准确性，在相同工况下对全阶模型和降价模型进行碰撞分析，并对能量和位移响应进行了对比分析。如图3-6所示为两种不同模型的能量平衡曲线，由图可以看出两种模型的能量曲线光滑且满足能量守恒定律，沙漏能与总能量的比例均保持在1%以下，这说明两个模型碰撞分析结果是准确的。通过对比图3-6a）和图3-6b）可以看出，动能和内能曲线具有相同的变化趋势；全阶模型和降阶模型的最大应变能分别为8404440mJ和8177460mJ，其对应时间点分别为0.034s和0.030s。这意味着两种碰撞模型的最大应变能及其发生的时间点基本一致，进一步证明了降阶模型的碰撞分析结果的有效性。

如图3-7为全阶模型和降阶碰撞模型的轴向位移云图比较，为便于对比观察不同模型之间的变形情况，对整体变形模式实施了 0.5 倍的缩减，并对关键的棱角处的变形进行了局部放大。由图可以看出两种模型的变形模式基本相同，且最大位移均发生在薄壁梁前端各棱角之间的侧壁上。两种模型在塑性铰位置和最大位移的幅值上存在一定的差异，这是由模型降阶所引起的误差导致的。

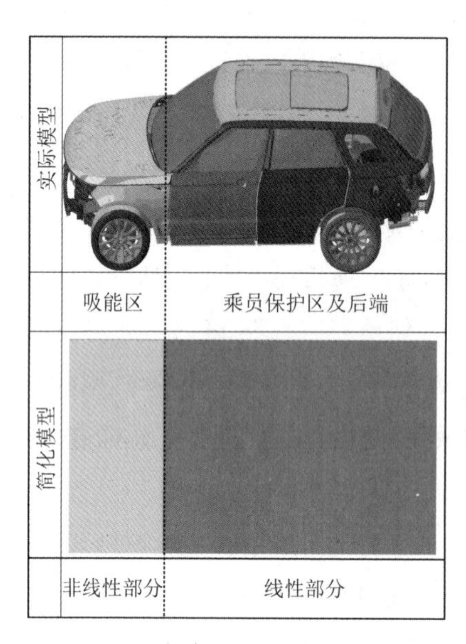

a) 车身模型

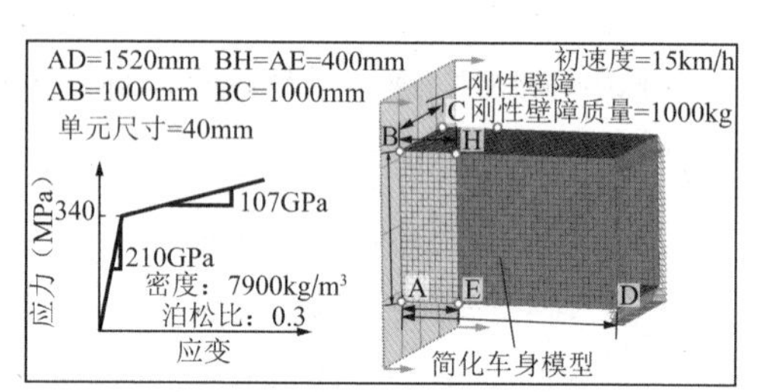

b) 车身正面碰撞模型

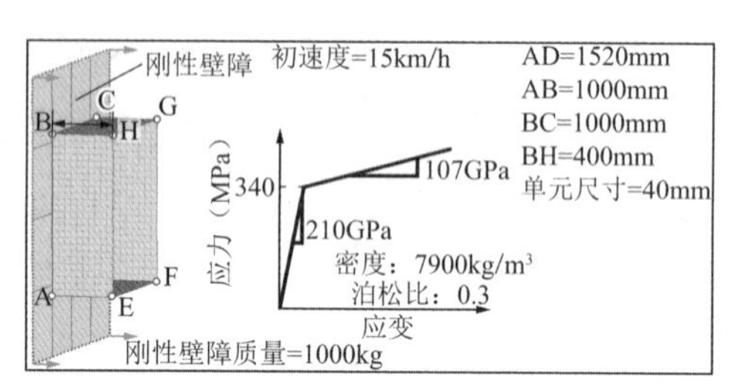

c) 车身正面碰撞降阶模型

图 3-5　简化车身结构与正面碰撞模型

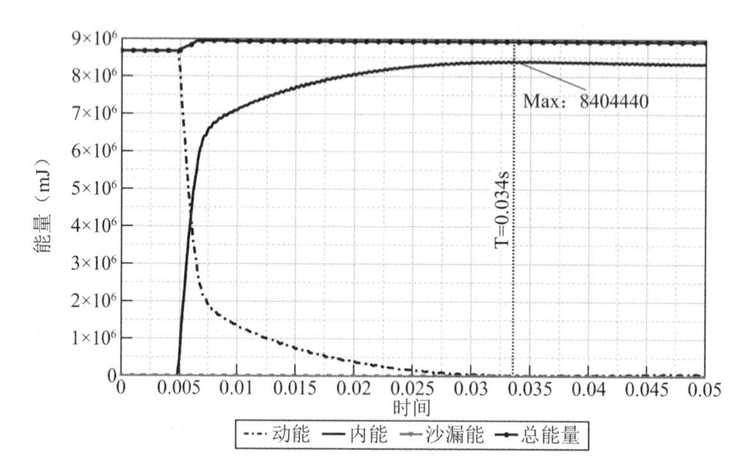

a) 全阶模型能量平衡曲线

图　3-6

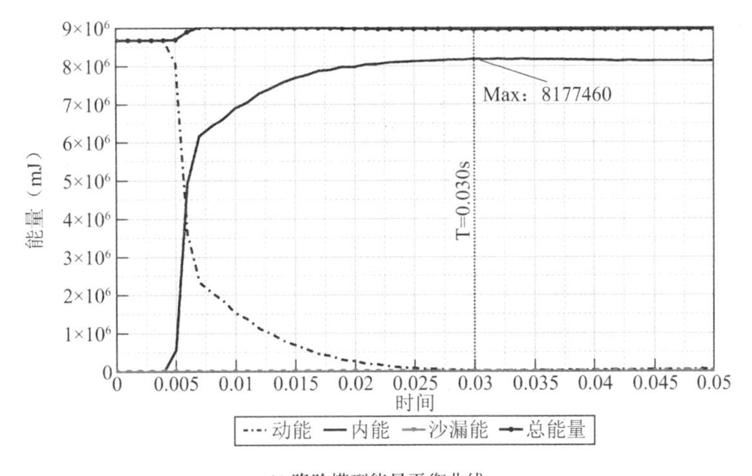

b) 降阶模型能量平衡曲线

图 3-6 能量平衡曲线比较

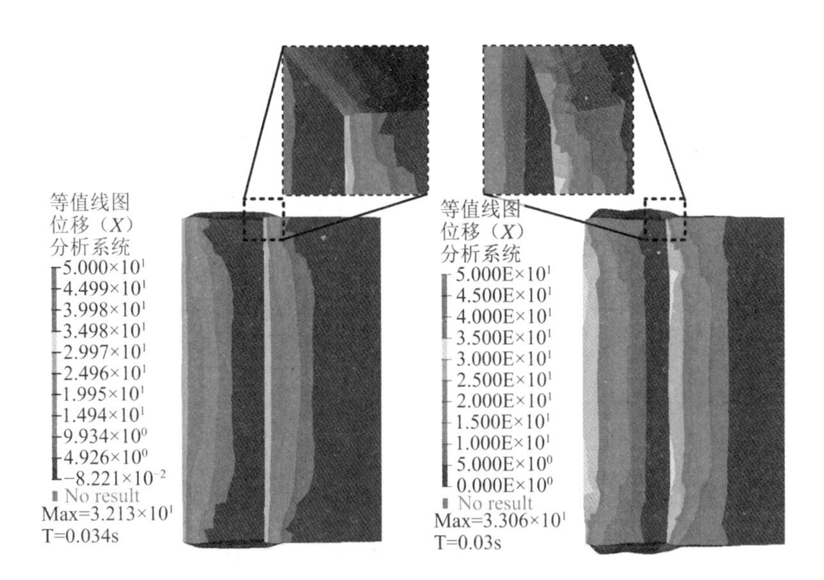

a) 全阶模型 b) 降阶模型

图 3-7 关键时间点的位移云图比较

表 3-1 列出了全阶模型和降阶模型在相同碰撞工况下的主要分析结果和计算效率，由表可以看出降阶模型的计算时间较全阶模型减少了 25%（由 16s 变为 12s），而最大位移、最大应变能及其发生时间点的误差分别为 2.89%、2.70%

和 11.76%。可见，基于降阶模型的碰撞分析是高效的，分析结果是可信的。

全阶模型和降阶模型的碰撞分析结果对比 表 3-1

模型	CPU 时间（s）	关键时间点（s）	最大应变能（mJ）	最大位移（mm）
全阶模型	16	0.034	8404400	32.13
降阶模型	12	0.030	8177460	33.06
变化率	−25%	−11.76%	−2.70%	2.89%

3.4.2 碰撞拓扑优化模型

如图 3-8 所示为正面碰撞工况下简化车身结构拓扑优化模型。由图可见，整个模型分为设计区域和非设计区域，其中经历塑性大变形的前端碰撞吸能区定义为非设计区空间，优化过程中不对该部分结构的密度进行调整，另一个在碰撞过程中用于保护乘员安全的区域定义为设计区域，该部分结构在碰上过程中只发生小位移线性变形。整个拓扑优化模型以单元密度为设计变量、以结构柔度最小（刚度最大）为目标函数、以体积分数小于或等于 40%为约束函数。优化模型的收敛系数C_1、C_2和C_3分别定义为 0.1、0.01 和 20。为了便于评估所提出的 RESLTO 方法的有效性，在正面碰撞工况下对以上优化模型分别采用 RESLTO 方法和标准的 ESLSO 方法分别进行了拓扑优化，并对拓扑优化的结果和效率进行了对比。

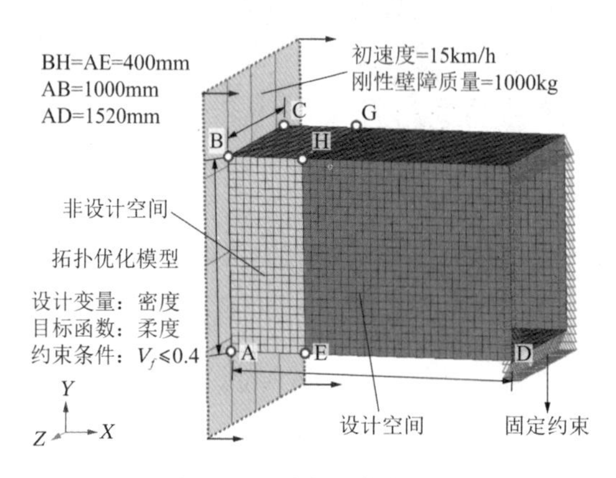

图 3-8 碰撞拓扑优化模型

图 3-9 和图 3-10 分别为 RESLTO 法和 ESLSO 法的目标函数迭代历程和拓扑结构演化过程。由图 3-9 可以看出，在 RESLTO 方法中，整个优化过程在经历 7 个外部循环后目标函数收敛，且整个优化过程中目标函数的波动较小、拓扑结构改善明显，最终收敛于一个相对稳定的值。然而在 ESLSO 方法中目标函数波动剧烈，且在经历 20 个外部循环后由于达到最大允许的外部循环次数后才强制收敛。在整个优化过程中拓扑结构的变化具有明显的周期性，主要表现在高密度区域和低密度区域的循环往复和整体结构的不连续性。此外，该方法在整个优化过程中始终未出现过清晰合理的拓扑结构。

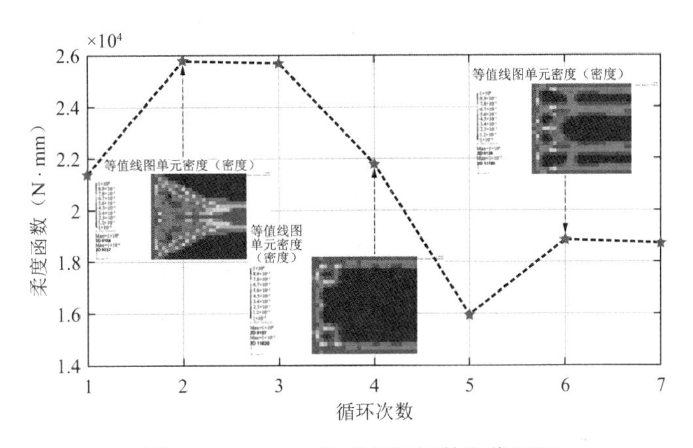

图 3-9　RESLTO 法的目标函数迭代历程

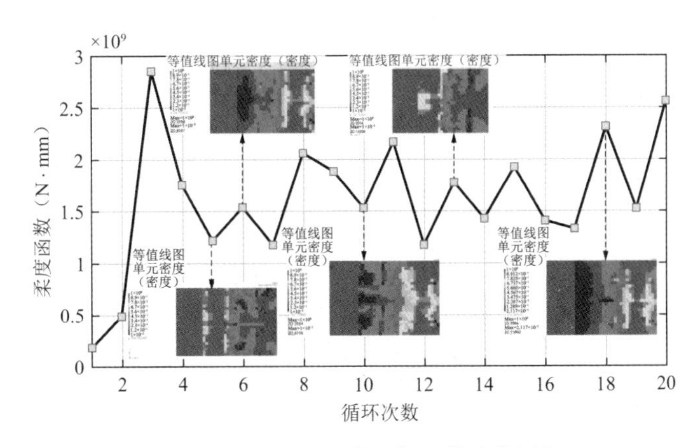

图 3-10　ESLSO 法的目标函数迭代历程

如图 3-11 所示为 RESLTO 法的拓扑优化结果，高密度单元主要分布在线性区域与非线性区域之间的交界面附近和矩形截面薄壁梁的四个棱角处，通过这种密度分布形成多条主要载荷传递路径，有助于高效、稳健传递碰撞载荷。此外，由图 3-11b）可以看出，当删除相对密度低于 0.4 的单元后，优化结果中形成了两个圆形、三个三角形低密度区域以满足体积约束的要求，这种布局使得结构的载荷传递路径更加稳健，同时可以减小应力集中。

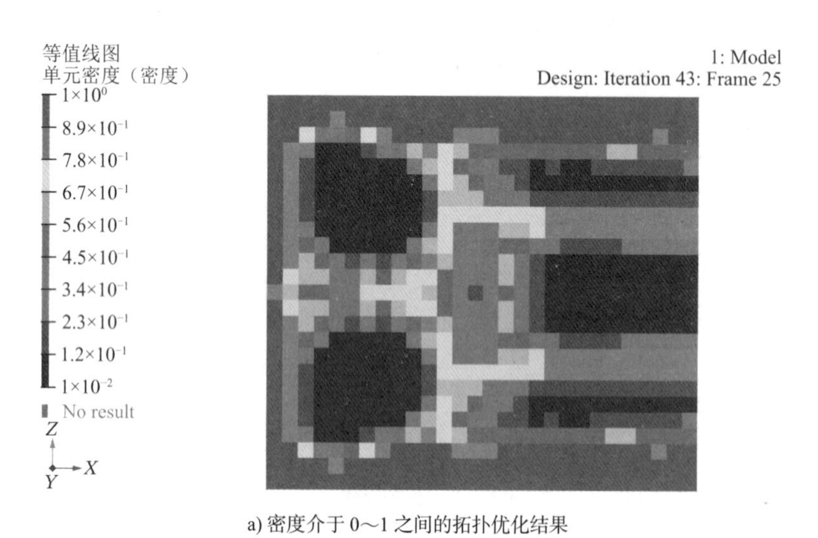

a) 密度介于 0～1 之间的拓扑优化结果

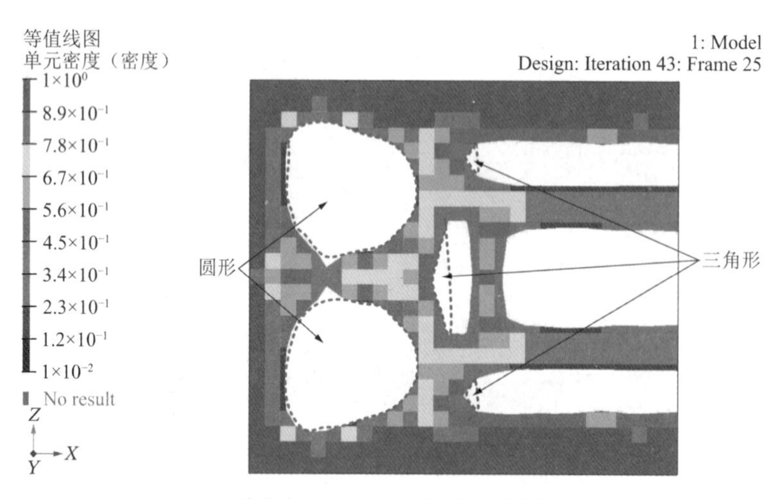

b) 密度介于 0.4～1 之间的拓扑优化结果

图 3-11 RESLTO 法的拓扑优化结果

然而，由图 3-12a）中可以看出，ESLSO 方法形成的拓扑优化结果明显不合理，高密度单元主要分布在设计区域的中间位置，没有形成任何有效的载荷传递路径。如图 3-12b)，当删除相对密度低于 0.4 的单元后，优化结果中形成了明显的无材料区，这将导致结构出现不连续，如果在这种情况下进行碰撞分析，碰撞过程由于部分结构与主结构分离产生数值问题，可能会引起歧义结构问题，导致碰撞分析过程错误终止，同时由于删除单元后导致碰撞分析和拓扑优化的模型不一致，加剧了非线性分析和线性分析之间的差异，这可能是导致拓扑优化过程不收敛、优化结果不可行的原因。此外，通过进行大量的数值试验发现 ESLSO 方法在解决结构碰撞拓扑优化问题时，由于等效静态载荷作用在所有节点上会导致拓扑优化过程中的低密度区域出现非物理大变形，形成“刺猬效应”，导致柔度过大等数值不稳定问题，这可能迫使等效静态载荷作用下的内层结构拓扑优化过程非正常终止，导致外部循环收敛缓慢、效率低，甚至无法收敛或者无法保证优化结果的全局最优性。因此，在标准 ESLSO 方法中出现目标函数接近于周期性的振荡，红色的高密度区域在整个优化设计区域往复移动的现象。考虑到在拓扑优化结果中只有密度为 1 或者 0 的单元才具有物理意义，因此为了准确恰当诠释拓扑优化结果，对密度小于 0.4 的单元进行删除。这意味着只有密度大于 0.4 的单元才会在拓扑优化的结果中出现，密度小于 0.4 的单元将被删除，通过必要的工艺修正便可以形成最优拓扑结构。

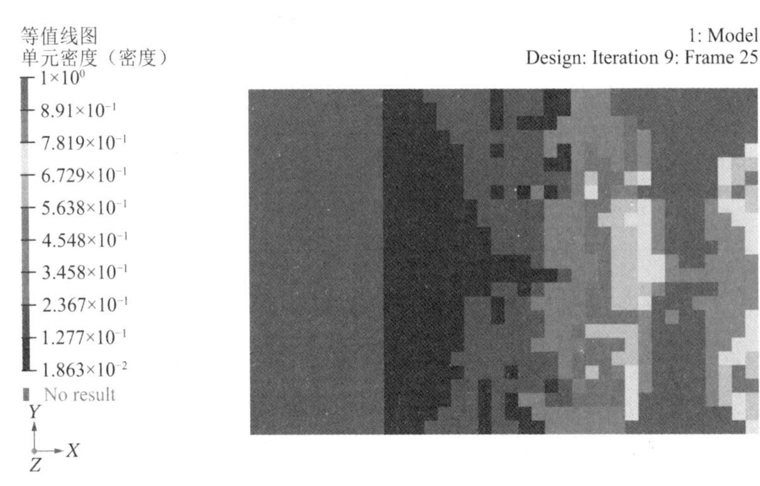

a) 密度介于 0～1 之间的拓扑优化结果

图　3-12

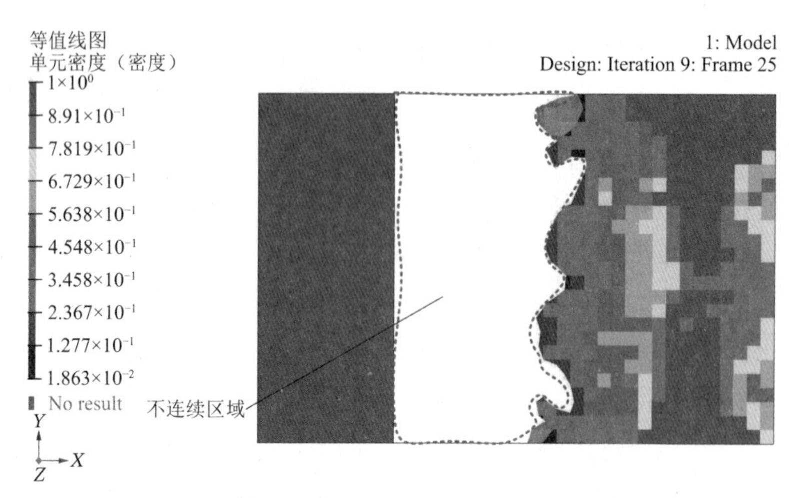

b) 密度介于 0.4～1 之间的拓扑优化结果

图 3-12　ESLSO 法的拓扑优化结果

表 3-2 对比了 ESLSO 方法和 RESLTO 方法的优化效率，由表可以看出，从总体上来看，RESLTO 法较标准 ESLSO 法的碰撞拓扑优化效率显著提高，就本书的算例而言可以节约计算时间 76.8%，其中总的外部循环的次数由 20 次减少到 7 次，降幅为 65%，平均每个外部循环的耗时减少 33.7%。因此，本章提出的 RESLTO 法是一种高效的拓扑优化方法。

ESLSO 法和 RESLTO 法的优化效率对比　　　　表 3-2

优化方法	循环次数	总 CPU 时间（s）	每个循环的 CPU 时间（s）
ESLSO	20	99494.0	4974.7
RESLTO	7	23102.1	3300.3
变化率	−65.0%	−76.8%	−33.7%

为进一步验证拓扑优化结果的可靠性，在 RESLTO 法的优化结果基础上重构了碰撞模型并再次进行碰撞分析，通过对优化前后的结构耐撞性指标进行对比分析，验证 RESLTO 法对薄壁结构塑性大变形碰撞优化问题的有效性。通过对 RESLTO 方法的优化结果（图 3-11）进行工程诠释和工艺修正，在相同工况下重新建立了优化后的新碰撞模型（图 3-13）。为方便比较，将原来的全阶模型称为原模型（图 3-8）。

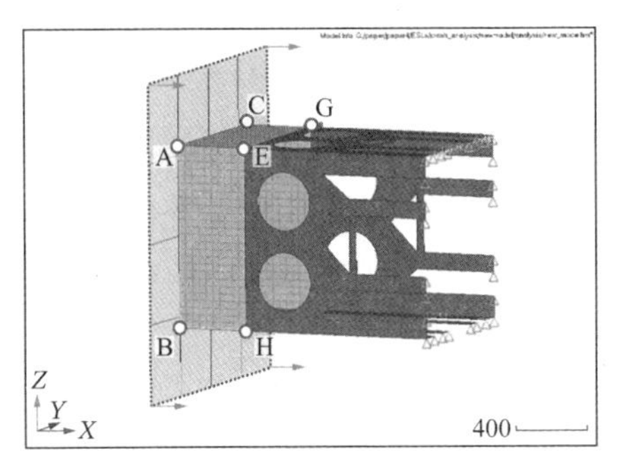

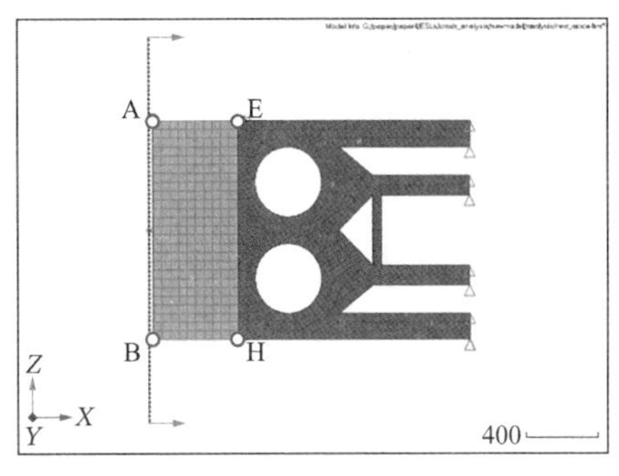

a) 三维视图　　　　b) *XZ*平面左视图

图 3-13　新模型结构图

如图 3-14 为原模型和新模型在相同的碰撞工况下的位移云图对比。由图可以看出，原模型和新模型的最大位移均出现在前端四个棱角之前的壁上，这可能是由于这些部位的轴向刚度相对较小导致的，但新模型的变形模式和塑性较分布与原模型显著不同，且最大位移为 45.45mm，超过了原模型（32.13mm），这意味着前端非线性吸能区的变形更大。可见，改变线性部分的结构可以影响非线性区域的变形模式和吸能特性。

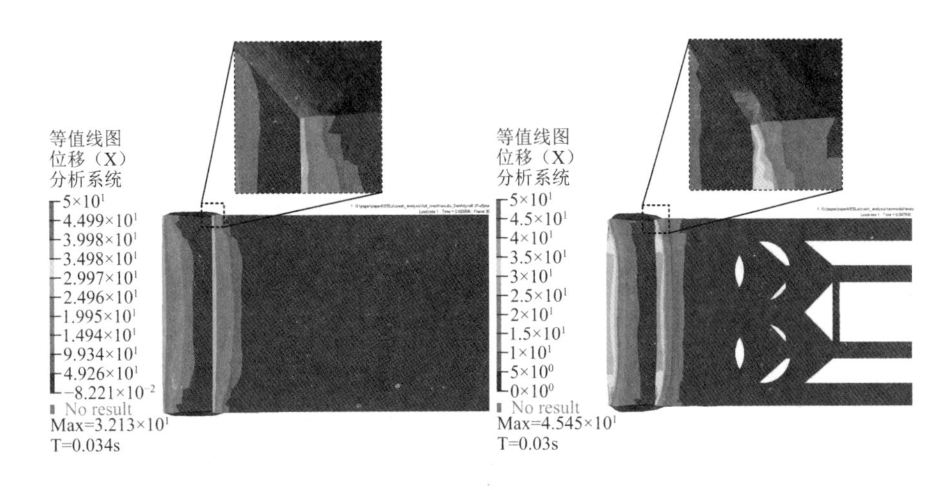

a) 原模型　　　　b) 新模型

图 3-14　新模型和原模型的位移云图对比

图 3-15 对比了两个关键点（图 3-8 中的 B 和 H）的位移-时间历程曲线，可

以发现关键点B的最大位移较原模型增加了 8.938mm（从 25.366mm 增加到 34.304mm），然而 H 点的位移却仅增加了 0.028mm（由 0.361mm 增加的 0.433mm），这意味着与原模型相比，新模型的非线性吸能部分的变形量明显增加，而线性部分的变形量几乎没有增加。所以，在新模型中变形区域的最大变形量（定义为B和H之间的位移差）为 38.861mm，明显大于原模型的 25.005mm，这说明新模型的碰撞吸能区域变形更大、吸能作用发挥更加充分。

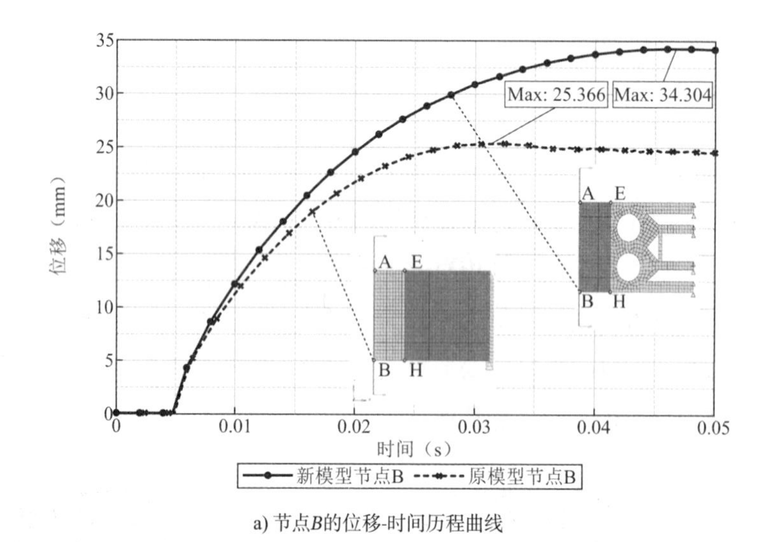

a) 节点*B*的位移-时间历程曲线

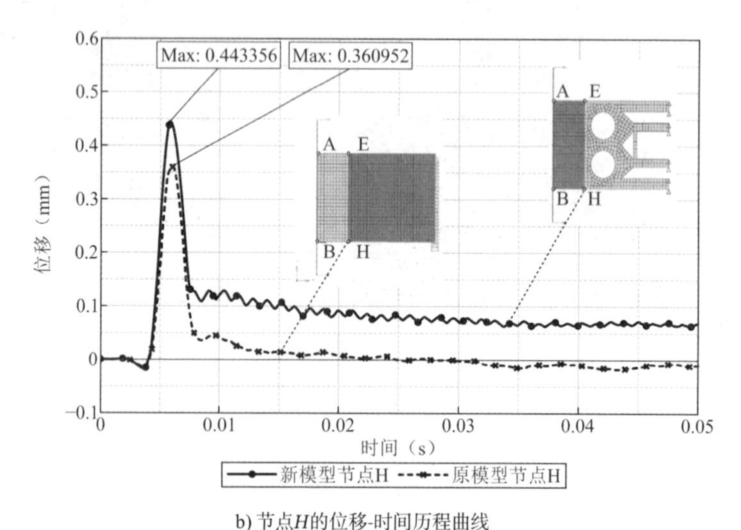

b) 节点*H*的位移-时间历程曲线

图 3-15　新模型与原模型的位移-时间历程曲线对比

图 3-16 对比了两个关键点（B 和 H）的加速度-时间历程曲线，可以看出新模型的最大碰撞加速度及加速度的整体水平均有明显下降。图 3-17 对比了新模型和原模型的碰撞力-位移曲线，从曲线可以看出，在碰撞初期，新模型的碰撞载荷有明显的下降，然而在碰撞后期碰撞力的整体水平略高于原模型，这有利于在碰撞初期减小碰撞加速度更好地保护乘员，碰撞后期更有利于吸收碰撞能量。

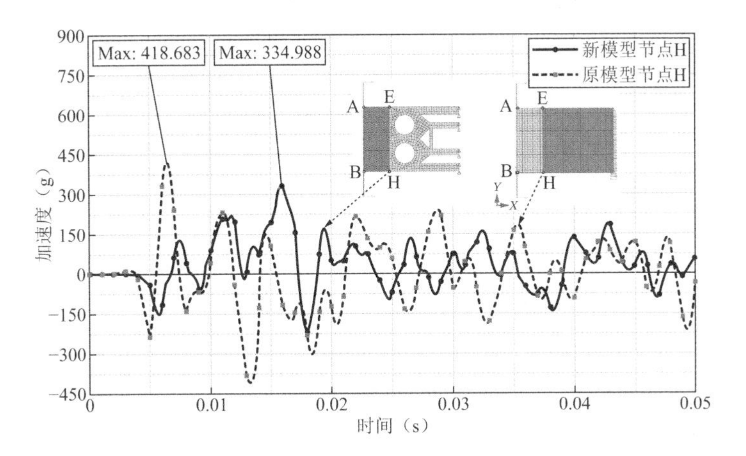

图 3-16　新模型和原模型的加速度-时间历程对比

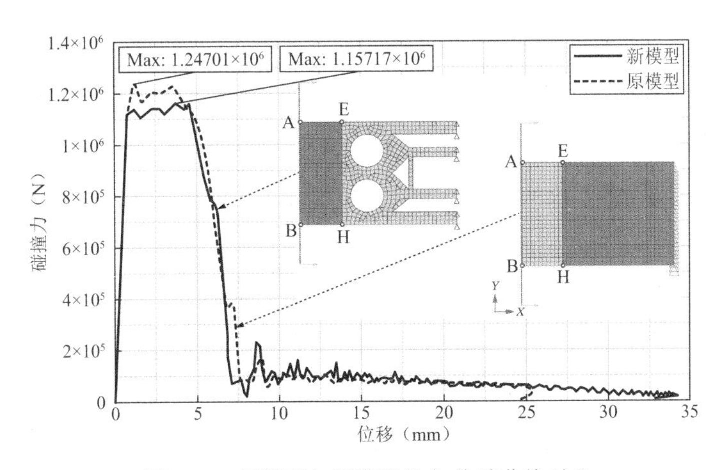

图 3-17　新模型与原模型的力-位移曲线对比

表 3-3 对新模型和原模型的部分耐撞性指标和轻量化指标进行了对比，包括质量、最大碰撞力，以及关键位置点的最大位移和最大加速度等。可以看出，新模型的吸能区（非线性变形区）的最大变形量增加了 35.42%，然而乘员保护

区（线性区）的最大加速度、模型最大碰撞力和质量却分别降低了 20.0%、7.2% 和 41.3%。可见，新模型较原模型的碰撞变形区变形更大、吸能更多，而乘客保护区的最大加速度和结构总质量较原模型却有明显下降。也就是说，新模型碰撞吸能区的吸能特性明显增强，乘员保护区具有足够的刚度保证乘员生存空间不被侵入，同时具有更轻的质量保证车辆的燃油经济性。因此，本书所提出的基于降阶等效静态载荷的结构拓扑优化方法可以很好地解决薄壁结构的碰撞拓扑优化问题，兼顾汽车安全性和轻量化要求。

新模型与原模型碰撞分析结果对比 表 3-3

项目	质量（kg）	最大位移（mm）			节点 H 的最大加速度（g）	最大碰撞力（N）
		节点 B	节点 H	变形量		
原模型	293.2	25.366	0.361	25.005	418.683	1247010
新模型	172.1	34.304	0.443	33.861	334.988	1157170
变化率	−41.3%	—	—	35.42%	−20.0%	−7.2%

3.5 本章小结

本章针对基于等效静态载荷的结构优化法（ESLSO）在解决大变形碰撞工况下的结构拓扑优化问题时存在的计算成本高、优化效率低、优化过程不稳定、优化结果不收敛等问题，对等效静态载荷进行了改进并提出了一种基于降阶等效静态载荷的结构碰撞拓扑优化方法，并通过简化的车身结构正面碰撞拓扑优化验证了该方法的优越性。

首先在对模型降阶理论的研究现状进行了简要总结的基础上建立了碰撞模型降阶理论；然后基于等效静态载荷和模型降阶理论提出了降阶等效静态载荷的概念并给出计算方法；接着，提出了基于降阶等效静态载荷建立了结构碰撞拓扑优化模型，并确定了收敛准则和优化流程；最后，通过一个简化的车身正面碰撞拓扑优化算例验证了本章所提出的基于降阶等效静态载荷的结构碰撞拓扑优化方法的有效性。结果表明，本章所提出的基于降阶等效静态载荷的结构碰撞拓扑优化方法可以高效解决大变形碰撞工况下的薄壁结构拓扑优化问题，有效降低了计算成本、提高了优化效率。

CHAPTER 4

第4章

基于等效线性静态载荷的结构碰撞拓扑优化法

基于等效静态载荷的结构优化方法（ESLSO）在解决大变形碰撞条件下的薄壁结构拓扑优化时存在诸多问题。为解决上述问题，本书对等效静态载荷的计算方法进行了改进并提出了一种基于等效线性静态载荷的结构碰撞拓扑优化方法。

首先提出一种基于线性极限位移思想和能量原理的等效线性静态载荷计算方法及基于等效线性静态载荷的结构碰撞拓扑优化方法；然后，通过利用缩放后的位移向量计算等效线性静态载荷，实现等效线性静态载荷的自适应缩放，从而在保持结构变形模式不变的前提下保证等效线性静态载荷作用下的内层线性静态拓扑优化始终保持在线性范围内，解决了由于等效静态载荷过大而导致的数值不稳定、优化过程不收敛或优化结果不可行等问题。最后，为证明该方法的有效性，将该方法应用于大变形碰撞工况下的吸能和诱导结构优化设计，实现诱导孔位置和拓扑结构的最优设计，拓展了拓扑优化方法的应用范围。

为解决由于等效静态载荷过大而引起的数值问题，本章基于“屈服载荷”的概念，提出了一种基于位移缩放的屈服位移计算方法，该方法运用双切线屈服载荷近似法和双线性切线屈服载荷近似法求得相应的“屈服载荷”。该方法通过对非线性动态碰撞分析节点的位移向量进行适当“缩放”得到“屈服位移”。类似地，屈服位移定义为线性分析的极限位移。

等效线性静载荷（ELSLs）定义为节点的极限位移向量与线性刚度矩阵的乘积，然后在此基础上提出了基于等效线性静态载荷的结构碰撞拓扑优化法（ELSLTO），并通过一个简单实例证明了该方法的有效性。该方法最大的优点是能够自适应地调整用于计算等效线性静态载荷的位移向量，以保证在等效线性静态载荷作用下的结构拓扑优化始终在线性范围内进行，从而有效解决了ESLSO方法在解决耐撞性拓扑优化问题时存在的柔度过大等数字不稳定问题。

如图4-1所示，ELSLTO方法分为分析域、ELSLs构造域、设计域和碰撞模型更新域。在分析领域，通过建立结构碰撞模型并进行非线性动态碰撞分析，得到了结构的位移、加速度、能量等非线性动力响应。在等效线性静态载荷计算领域，首先基于能量原理计算位移缩减因子，然后将线性刚度矩阵与缩减的节点位移矢量相乘生成等效线性静态载荷ELSLs。在设计域中，利用ELSLs将结构碰撞拓扑优化问题转化为等效线性静态载荷作用下的结构线性静态拓扑优化问题。在碰撞模型更新领域，基于拓扑优化后的密度向量对碰撞模型进行更新和重构。最后，将重构后的碰撞模型再次引入分析域中。

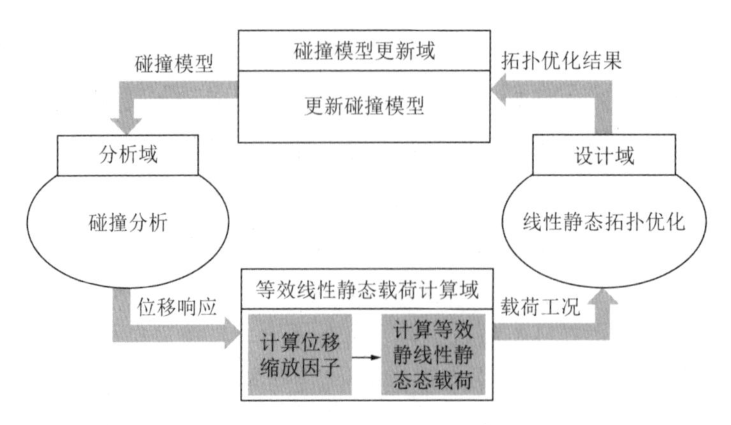

图 4-1　ELSLTO 法流程示意图

4.1 基于能量原理的位移缩放因子计算

非线性碰撞分析在某一瞬间的动态位移与相应等效线性静态分析的极限位移比可以反映两种不同分析方法产生的变形差异。本章从“屈服载荷”的定义出发，利用碰撞分析的力-位移曲线定义了屈服位移，并从能量的角度计算出碰撞分析中屈服位移与实际位移的比，把该位移比定义为计算线性静态载荷的基础。如图 4-2 所示，首先根据能量原理将实际多自由度模型（MDOF）等效为单自由度模型（SDOF），然后利用单自由度模型的碰撞力-位移曲线计算屈服位移与实际位移的比例因子。

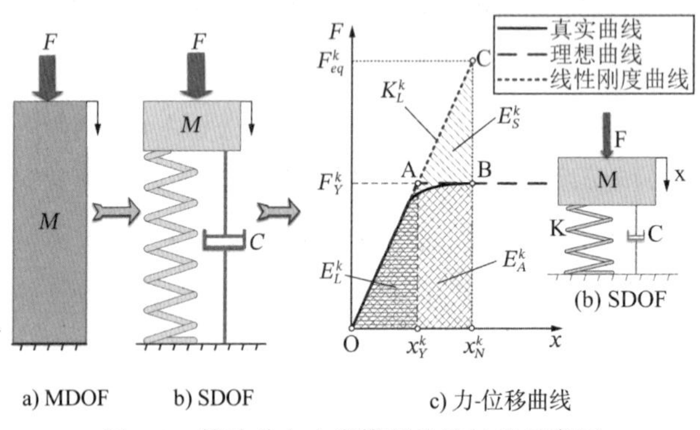

a) MDOF　b) SDOF　c) 力-位移曲线

图 4-2　等效单自由度模型构造过程示意图

如图 4-2 所示为等效单自由度碰撞模型构造过程示意图，根据动力学原理，如图 4-2a）所示的多自由度模型可以等效为一个包含集中质量M、非线性弹簧K和阻尼C的单自由度非线性动力学模型［图 4-2b）］。在等效过程中，必须保证模型的整体动力学特性不变，即碰撞力-位移曲线及其所围成的面积保持不变。根据双线性切线屈服荷载近似法，将实际的碰撞力-位移曲线利用两条直线逼近，并将“屈服载荷”定义为两条线的交点所对应的载荷。

如图 4-3 所示，黑色实线表示第k次实际碰撞分析产生碰撞力-位移曲线，该曲线通过两条直线OA和AB逼近，其中OA表示结构的线刚度，AB表示屈服过程的切线，它是完全水平的。根据屈服载荷的定义，OA和AB的交点A所对应的载荷F_{Y}^{k}即为响应的屈服载荷。类似地，本书将A点所对应的位移称为屈服位移，该位移为线性分析的极限位移，如果位移大于此值，则模型进入塑性非线性区。实际碰撞力-位移曲线下的面积E_{A}^{k}表示实际应变能，其中包含弹性应变能和塑性应变能。在标准等效静态载荷F_{eq}^{k}下，变形能E_{S}^{k}为等效静态载荷作用下的弹性应变能，可以用$\triangle OCx_{\mathrm{N}}^{k}$的面积表示，即：

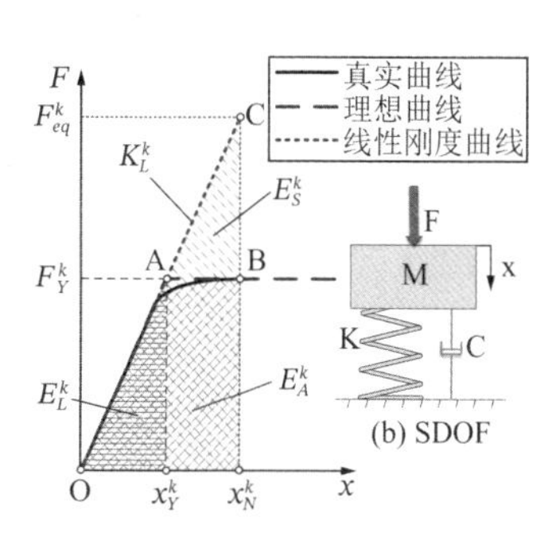

图 4-3　屈服位移示意图

$$E_{S}^{k}=\frac{1}{2}F_{\mathrm{eq}}^{k}\cdot x_{\mathrm{N}}^{k}=\frac{1}{2}\left(x_{\mathrm{N}}^{k}\right)^{T}\cdot K_{\mathrm{L}}^{k}\cdot x_{\mathrm{N}}^{k} \tag{4-1}$$

能量守恒定律要求实际变形能E_{A}^{k}（实曲线下面积）和等效变形能（线OAB下的面积）相等。根据相似三角形理论，$\triangle ABC$与$\triangle ox_{\mathrm{N}}C$面积比等于相应边长$x_{\mathrm{N}}^{k}-x_{\mathrm{Y}}^{k}$和$x_{\mathrm{N}}^{k}$比的平方，即：

$$\frac{E_{S}^{k}-E_{\mathrm{A}}^{k}}{E_{S}^{k}}=\left(\frac{x_{N}^{k}-x_{Y}^{k}}{x_{N}^{k}}\right)^{2} \tag{4-2}$$

因此，在第k次碰撞分析过程中，位移比例因子λ^{k}可以表示为屈服位移x_{Y}^{k}与实际位移x_{N}^{k}的比值，即：

$$\lambda_{k}=\frac{x_{Y}^{k}}{x_{\mathrm{N}}^{k}}=1-\sqrt{\frac{E_{\mathrm{S}}^{k}-E_{\mathrm{A}}^{k}}{E_{\mathrm{S}}^{k}}} \tag{4-3}$$

$$x_{\mathrm{scal}}^{k}=\lambda_{k}\cdot x_{\mathrm{N}}^{k} \tag{4-4}$$

式中：x_{scal}^{k}——缩减后的节点位移向量。

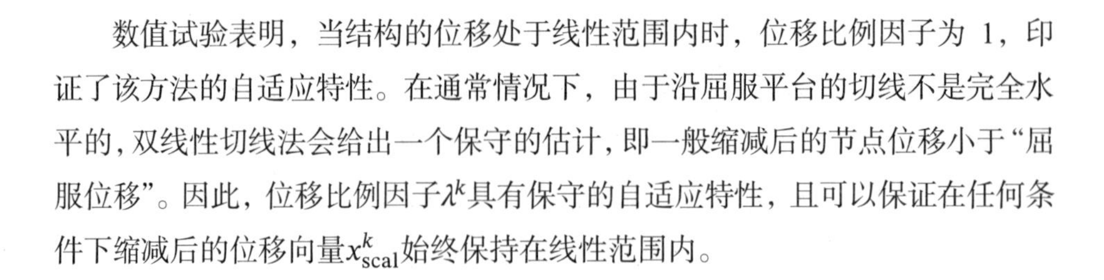

数值试验表明，当结构的位移处于线性范围内时，位移比例因子为 1，印证了该方法的自适应特性。在通常情况下，由于沿屈服平台的切线不是完全水平的，双线性切线法会给出一个保守的估计，即一般缩减后的节点位移小于“屈服位移”。因此，位移比例因子λ^k具有保守的自适应特性，且可以保证在任何条件下缩减后的位移向量x_{scal}^k始终保持在线性范围内。

4.2 等效线性静态载荷计算

受到标准等效静态载荷定义的启发，在第k个循环（完成第k次碰撞分析后），等效线性静态载荷F_{leq}^k可以利用结构的线性刚度矩阵K_L^k与缩减后的节点位移向量x_{scal}^k相乘得到，即：

$$F_{\mathrm{leq}}^k = K_{\mathrm{L}}^k \cdot x_{\mathrm{scal}}^k \tag{4-5}$$

将式(4-4)代入式(4-5)可得：

$$F_{\mathrm{leq}}^k = K_{\mathrm{L}}^k \cdot x_{\mathrm{scal}}^k = K_{\mathrm{L}}^k \cdot \left(\lambda_k \cdot x_{\mathrm{N}}^k\right) = \lambda_k \cdot F_{\mathrm{eq}}^k \tag{4-6}$$

由式(4-6)可以发现，在第k个循环中，通过自适应地缩减标准等效静态载荷F_{eq}^k便可以得到等效线性静态载荷F_{leq}^k。因此，位移比例因子λ_k也可以称为自适应等效静态载荷缩放因子。在线性动力学工况下，E_S^k等于E_{A}^k且λ_k等于 1，此时等效线性静态载荷F_{leq}^k退化为等效静态载荷F_{eq}^k。

4.3 基于等效线性静态载荷的结构碰撞拓扑优化理论

基于等效静态载荷的结构碰撞拓扑优化理论是在基于等效静态载荷的结构优化理论基础上通过重新构建结构碰撞拓扑优化数学模型、确定拓扑优化流程以及定义收敛准则来实现的，下面将对所涉及的内容进行详细介绍。

4.3.1 基于等效线性静态载荷的结构碰撞拓扑优化数学模型

在耐撞性拓扑优化设计中，内能最大的时间点非常关键，所以通常将内能最大的点作为解决耐撞性拓扑优化设计的关键时间点。在第k个外部循环，关键时间点t_j时的等效线性静态载荷$F_{\mathrm{leq}}^k(L_j)$可以表示为：

$$F_{\mathrm{leq}}^k(L_j) = \lambda_k \cdot F_{\mathrm{eq}}^k(L_j) \tag{4-7}$$

式中：$F_{\mathrm{eq}}^k(L_j)$——表示关键时刻t_j时的等效静态载荷，且t_j与等效静态工况L_j严格对应。

类似地，L_j工况下结构的柔度函数可以表示为：

$$f_j^k(b) = F_{\mathrm{leq}}^k(L_j)X^k(L_j) \tag{4-8}$$

式中：$X^k(L_j)$——等效线性静态载荷$F_{\mathrm{leq}}^k(L_j)$作用下的线性静态位移向量。

因此，t_j时刻的结构耐撞性拓扑优化问题就可以转化为等效线性静态载荷作用下的多工况线性静态拓扑优化问题，具体表达式如下：

$$\text{find:}\ \ b \in R^n \tag{4-9}$$

$$\text{to min:}\ \ f^k(b) = \sum_{n=j-1}^{n=j+1} w_n f_n^k(b),\ \ n = j-1, j, j+1 \tag{4-10}$$

$$\text{subject to:}\ \ K_L^k(b)X^k(L_j) = F_{\mathrm{leq}}^k(L_j) \tag{4-11}$$

$$\nu^{\mathrm{T}} b \leqslant \nu_{\mathrm{f}} V \tag{4-12}$$

$$0.0 < b_{\min} \leqslant b \leqslant 1.0 \tag{4-13}$$

式中：b——有限元中的单元相对密度向量，在密度法中定义为拓扑优化的设计变量。

式(4-10)为拓扑优化的目标函数，定义为关键时间点t_j附近的柔度函数式(4-8)的加权和。本书中选择关键时间t_j附近的三个时间进行加权求和，ω_{j-1}、ω_j和ω_{j+1}分别为关键时间点前、关键时间点和关键时间点后的三个工况的加权系数。

4.3.2　基于等效线性静态载荷的结构碰撞拓扑优化流程

如图 4-4 所示为基于等效线性静态载荷的结构拓扑优化流程，整个优化过程主要分为非线性动力学碰撞分析、等效线性静态载荷计算、线性静态拓扑优化和模型更新等过程，具体优化流程如下。

第 1 步：建立拓扑优化模型；

定义拓扑优化问题，初始化预先定义的参数，如设计区域的体积分数、收敛系数等。

第 2 步：进行非线性动力学碰撞分析；

利用显式有限元软件 LS-DYNA 对碰撞模型进行分析，得到了相应的能量和节点位移响应，并选择内能最大的时间点作为关键时间点。

第 3 步：计算位移比例因子；

在关键时间点t_j，基于能量原理运用式(4-3)计算位移比例因子λ_k。

第 4 步：计算等效线性静态载荷；

在关键时间点t_j，利用式(4-7)计算相应等效线性静态载荷。

第 5 步：进行线性静态载荷下的结构拓扑优化；

使用 OPTISTRUCT 执行式(4-9)至式(4-13)的线性静态拓扑优化模型。

第 6 步：检查收敛性；

条件 1 要求任意相邻两个循环之间设计变量的相对变化率不大于C_1；条件2要求任意相邻两个循环之间的目标函数（柔度）的相对变化率不大于C_2；条件3控制最大外循环次数不能超过C_3。当以上 3 个条件中任意一个满足，则优化过程达到收敛。

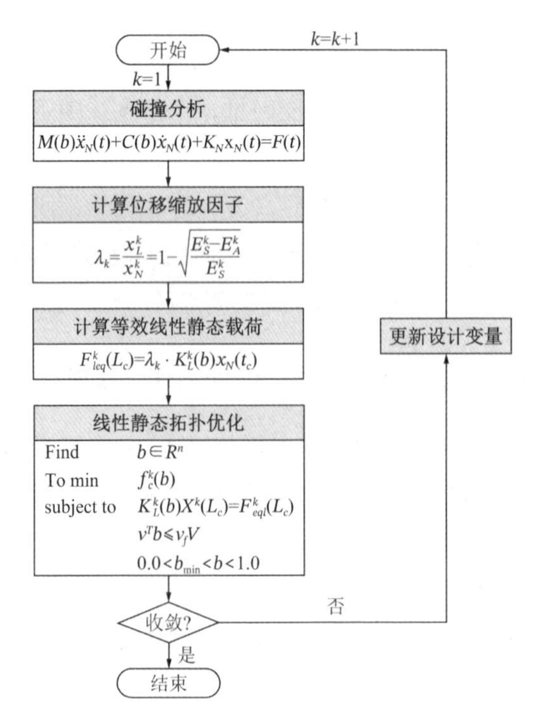

图 4-4　基于等效线性静态载荷的结构碰撞拓扑优化流程

$$\text{条件 1：}\sqrt{\frac{\sum_{e=1}^{N_e}\left(b_e^{k+1}-b_e^k\right)^2}{\sum_{e=1}^{N_e}\left(b_e^k\right)^2}}\leqslant C_1 \tag{4-14}$$

$$\text{条件 2：}\frac{\left|f^{k+1}(b)-f^k(b)\right|}{f^k(b)}\leqslant C_2 \tag{4-15}$$

$$\text{条件 3：}k_{\max}\geqslant C_3 \tag{4-16}$$

4.4　实例计算与结果分析

在我国每年发生的道路交通事故中约有 40%～50%是客车交通事故，在客车交通事故中有 50%～60%属于客车正面碰撞事故。驾驶员作为客车的专业操控人员，在客车发生危险时由驾驶员来完成紧急操作，其安全不仅关系到客车内所有乘员的安全，而且关系到其他车辆和行人的安全。由于现在大型客车均采用全承载车身结构，没有专门承受碰撞载荷的大梁结构且客车前端为平头设计，所以发生正面碰撞的缓冲吸能空间非常有限，如果碰撞能量未能在这有限的空间内被有效吸收，则会对驾驶员和前排乘员造成损伤，因此必须增设专门的吸能盒结构吸收碰撞能量。

本节将以课题组提出的一种一体化板桁组合全承载式电动客车车身结构的吸能盒为研究对象，利用本章所提出的方法开展轴向碰撞工况下的吸能盒结构拓扑优化，以实现吸能盒诱导结构的优化设计。对于全承载客车而言，车身骨架由不同截面、不同方向布置的薄壁梁焊接而成，所以在客车前围骨架与底架前端空隙之间布置的薄壁梁兼起碰撞吸能盒的作用。然而，对于本节所研究的一体化板桁组合全承载式电动客车车身结构，其典型结构特点是除纵梁外并没有可用于发挥吸能盒作用的结构，因此必须要在纵梁结构上精心设计专门的吸能盒结构，才能在兼顾结构轻量化要求的前提下最大限度吸收碰撞能量和可靠传递碰撞载荷。

此外，考虑到客车的整车质量很大，为兼顾结构轻量化和耐撞性要求，必须采用双室或者多室吸能盒结构。图 4-5 为所研究客车车身骨架结构，由图可以看出本章所研究的客车吸能盒结构布置在客车底架两侧纵梁结构的前端，且放大图及其 A-A 视图显示所研究的吸能盒结构为双室吸能盒结构，属于典型的薄壁结构。由薄壁结构的相关研究可知，薄壁结构在轴向碰撞载荷下的最佳吸能模式是渐进式的轴向叠缩变形模式。然而，由于所研究的客车结构设计布局的不对称性和碰撞的随机性，通常吸能盒在变形过程中通过低效的弯折变形模式而不是轴向的渐进式叠缩变形模式吸收能量，导致实际过程中吸收能量较小且不稳定。Lee 等人通过有限元方法系统研究了诱导结构对薄壁管在轴向压缩下的变形特性，发现诱导结构的引入能够有效控制薄壁结构的变形模式、改善碰撞载荷的一致性、降低初始峰值载荷和提高碰撞载荷效率。因此，要想保证碰撞工况下吸能盒结构能够最大限度地吸收碰撞能量、能降低初始碰撞加速度、减轻质量，必须通过精心设计变形诱导结构保证吸能盒结构通过稳定高效的渐进式叠缩变形吸收碰撞能量。

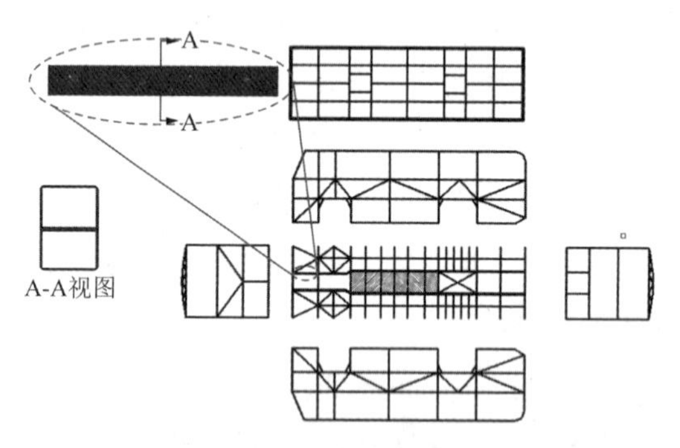

图 4-5　一体化板桁组合全承载式电动客车骨架结构

目前广泛使用的诱导结构可分为凹痕型（诱导槽）和孔型（诱导孔）。为了降低加工成本、减轻吸能盒质量，工程中多采用孔型的诱导结构，这里简称诱导孔。由于碰撞引起的薄壁结构轴向叠缩变形具有高度非线性和瞬态特性，碰撞诱导孔的设计非常复杂。现有研究多基于经验设计方法或者是线性静态工况下的结构优化设计实现，鲜有研究在考虑完全碰撞及具有所有非线性和塑性行为的轴向叠缩变形模式下开展基于拓扑优化的诱导孔结构优化设计。本节利用所提出的 ELSLTO 法在考虑碰撞引起的轴向叠缩变形工况下，通过拓扑优化实现吸能盒诱导孔的优化设计。整个优化过程利用 LS-DYNA 进行碰撞分析，在 OPTISTRUCT 软件中进行拓扑优化，通过 MATLAB 实现 ELSLs 计算，并基于

MATLAB 环境下建立了整个优化平台、实现不同软件数据的交换和计算。

4.4.1　碰撞仿真分析与验证

本节首先根据双室矩形截面薄壁吸能盒结构的几何模型建立碰撞有限元模型，并根据文献提供的试验结果验证模型的正确性，然后通过有限元分析对该模型进行耐撞性分析及指标提取，并将其作为接下来开展结构碰撞拓扑优化及优化效果对比的基础和依据。

（1）模型介绍。

如图 4-6a）所示为 Hooputra 等人所研究的双室吸能盒结构的几何参数，其中双室吸能盒结构的长 L 为 396.5mm，高 H 为 68mm，宽 W 为 95mm，厚度 T 为 2.5mm。如图 4-6b）所示为本书所建立的双室吸能盒的碰撞有限元模型，模拟了一个 500kg 的刚性摆锤以 10m/s 的速度沿轴向撞击吸能盒，建模时选取 5mm 的四节点四边形单元进行网格划分，有限元模型由 23162 个壳单元和 7756 个节点组成。为高效、准确地捕捉具有局部塑性铰的薄壁结构的吸能特性，该有限元模型中的壳单元均采用完全积分壳单元，刚性摆锤使用移动的刚性墙模拟，通过约束除 Z 方向平动以外的所有自由度，保证摆锤与吸能盒发生轴向碰撞，固定的刚性支座采用刚性材料建模并约束全部六个自由度。

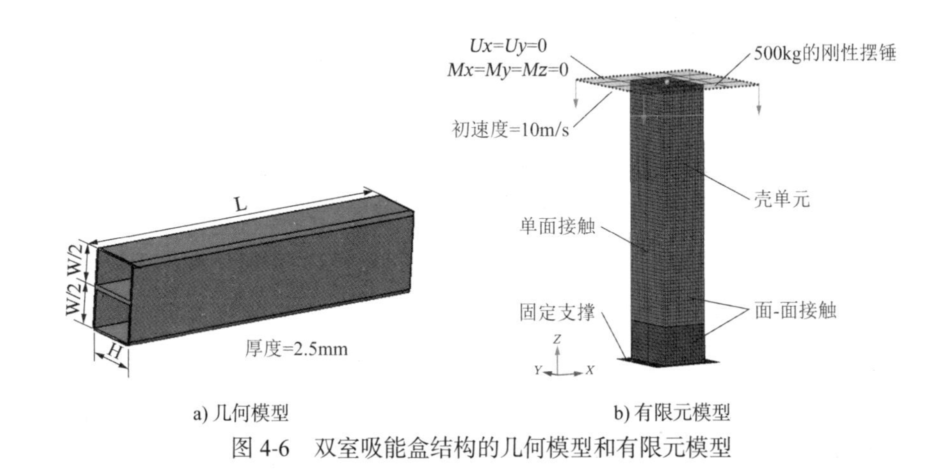

a) 几何模型　　b) 有限元模型

图 4-6　双室吸能盒结构的几何模型和有限元模型

吸能盒结构由铝合金 EN AW-7108 T6 构成，这种材料具有很好的能量吸收特性。材料 EN AW-7108 T6 的杨氏模量、泊松比和密度分别为 70000MPa、0.3

和 2.7×10^{-9}t/mm³，不同应变率下的相应流动应力-应变曲线如图 4-7 所示。此外，吸能盒壁的接触条件为单面接触，防止变形过程中发生自我穿透；刚性支座与吸能盒壁之间的接触定义为面-面接触，防止变形过程中吸能盒壁穿透刚性支座。所有接触面的摩擦因数均定义为 0.15。为了避免节点位移的不连续性引起后面的拓扑优化出错，本书在进行碰撞分析过程中不考虑结构的破坏，这对后续的拓扑优化至关重要。

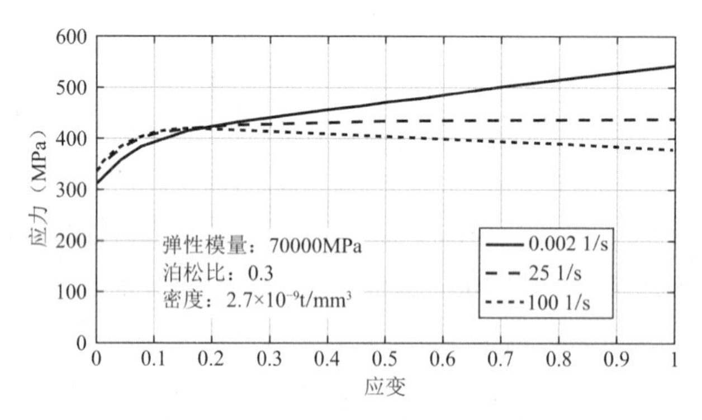

图 4-7　Al 7108-T6 的应力-应变曲线

（2）碰撞分析与模型验证。

为确保所建立的有限元模型的准确性以及后续开展的碰撞拓扑优化的有效性，需要先对本章所建立的双室吸能盒结构的有限元模型进行验证。相关文献开展的薄壁结构轴向压缩有限元模型验证通常分为两类，一类是基于解析力学或者经验公式进行理论预测的理论验证，另一类是基于实物碰撞试验进行比对的试验验证。目前关于类似双室吸能盒结构的有效理论或者经验验证方法尚未发现，然而通过查阅大量文献发现，Hooputra 等人已经基于有限元和试验方法开展了该结构的正面碰撞分析，本书根据文献中给出的碰撞试验结果进行更为可靠的试验验证所建模型的正确性。

如图 4-8a）所示为文献[196]中给出的碰撞试验结果，图 4-8b）为文献[196]提供的有限元分析结果，图 4-8c）为本章所建立的有限元模型的分析结果。通过对比可以发现，本书所建立的有限元模型的分析结果与文献给出的分析结果从变形模式和应力分布上来看基本一致，最大应力仅相差 6.2%（这可能是由于单元积分方式的不同导致的）。

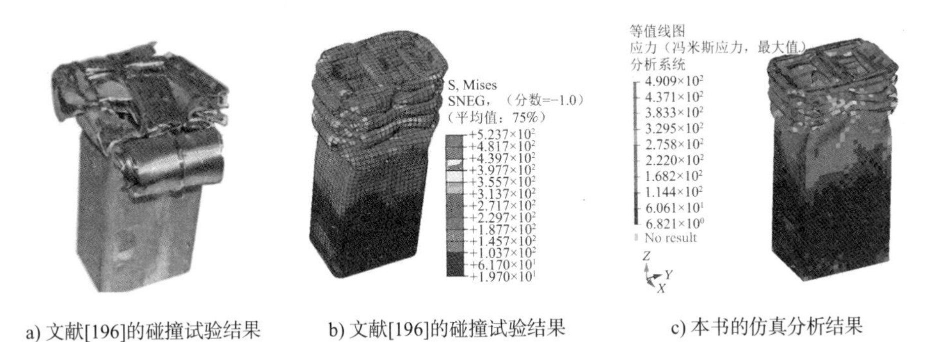

a) 文献[196]的碰撞试验结果　　b) 文献[196]的碰撞试验结果　　c) 本书的仿真分析结果

图 4-8　双室吸能盒结构的最终变形模式和应力云图比较

图 4-9 对本书得到的力-位移曲线与文献[196]提供的仿真和试验结果进行对比，由图可以看出本书得到的力-位移曲线与文献[196]的数值和试验曲线吻合较好。由此可见，本书所采用的有限元模型准确合理，分析结果真实可信，可以很好地保证后续基于该模型开展的结构碰撞拓扑优化的有效性和准确性。

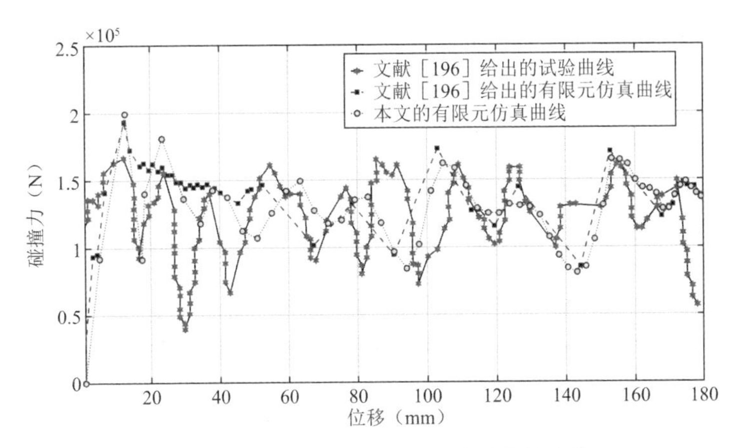

图 4-9　双室吸能盒结构的力-位移曲线比较

为全面评估双室吸能盒结构的碰撞安全和轻量化水平，便于结果评价和优化对比，提取以上有限元分析结果中的耐撞性和轻量化指标如表 4-1 所示。由表可以看出，结构的总吸能E_A为 24590.9J，质量M_0为 1.054kg，最大碰撞力F_{max}为 199989N、最大压缩距离d_{max}为 202.2mm、比吸能SAE为 23331.0J/kg，平均碰撞力F_{avg}为 121616N，碰撞力效率CFE为 0.61，这些参数同时将用于下一阶段拓扑优化结果的评价和优化对比。

双室吸能盒结构的轴向耐撞性参数表　　表 4-1

项目	指标	数值
轻量化	质量M_0（kg）	1.054
耐撞性	总吸能E_A（J）	24590.9
	最大碰撞力F_{max}（N）	199989
	最大碰撞位移d_{max}（mm）	202.2
	比吸能SAE（J/kg）	23331.0
	平均碰撞力F_{avg}（N）	121616
	碰撞力效率CFE（-）	0.61

4.4.2　吸能盒诱导孔设计

在以上碰撞有限元模型的基础上，利用本书提出的基于等效线性静态载荷法的结构优化方法，在碰撞工况下通过拓扑优化对双室吸能盒结构进行优化设计。在碰撞拓扑优化中，将变形较大的外壁区域定义为设计空间，整个优化模型以每个单元的相对密度为设计变量，约束条件为体积分数小于 70%。此外，为保证完全碰撞变形和实现轴向叠缩变形模式，这里不设置位移约束，并以在关键时间点附近的等效线性静态载荷作用下的结构加权柔度和最小为目标函数，以确保吸能盒在整个碰撞过程中吸能最多。收敛参数C_1、C_2和C_3分别定义为 0.1、0.01 和 20。

通过大量数值试验表明，ESLSO 方法在进行碰撞拓扑优化时，最容易在首次外部循环出现由于等效静态载荷过大导致的内层拓扑优化迭代不稳定或异常终止问题，导致整个优化过程无法进行或者无法得到最优结果，因此这里首先针对碰撞拓扑优化的第一个循环展开研究。如图 4-10 所示为第一次外部优化循环中，在所提出的等效线性静态载荷作用下的线性静态拓扑优化目标函数的优化迭代历程和结构的拓扑演化过程。由图可以看出，在等效线性静态载荷下，拓扑优化的目标函数经过 19 次内部迭代收敛到稳定的最小值并得到清晰的拓扑优化结果。可见，在等效线性静态载荷作用下，线性静态拓扑优化的迭代过程平稳，没有出现目标函数周期振荡、大幅波动和柔度过大等数值不稳定问题，结构拓扑演化过程合理无振荡，拓扑优化结果清晰连续，说明等效线性静态载荷作用下的结构线性静态拓扑优化稳定可靠。

为了说明不同等效静态载荷对拓扑优化的影响，图4-11给出不同倍率标准等效静态载荷作用下的线性静态拓扑优化目标函数迭代历程和结构最优拓扑。由图可见，在不同倍率的等效静态荷载作用下，目标函数的迭代历程曲线和结构的最优拓扑结构明显不同，当拓扑优化在0.4倍的标准等效静态载荷作用下，整个优化过程经过18次内部迭代便提前终止，且其优化结果比较清晰；当0.5倍的等效静态载荷作用在拓扑优化模型上时，优化过程经历14次迭代就提前终止了，且优化结果出现明显不连续区域；如果在0.6倍的标准等效静态载荷作用下，优化过程只经过9次内部迭代就出现中断，优化结果的不连续区域明显扩大。此外，通过观察以上几种不同倍率等效静态载荷下的拓扑优化过程可以发现，在每次拓扑优化出现非正常终止前都经历了一次目标函数的较大幅度增长，所以拓扑优化出现非正常收敛可能与目标函数的突然增长有关。在数值试验中，我们还发现直接将标准ESLs作用到拓扑优化模型中，根本无法启动拓扑优化，也就是说基于等效静态载荷的结构优化法根本无法实现该模型的拓扑优化。

然而，通过比较图4-10和图4-11，可以发现等效线性静态载荷和在不同倍率等效静态载荷作用下的目标函数的迭代历程除目标函数的值和迭代次数以外完全相同，这意味着随着等效静态载荷的按比例增大，迭代次数减少，最优拓扑变差，这是由于等效静态载荷作用下的柔度过大而产生的数值不稳定，导致拓扑优化进程异常终止，得到的拓扑优化结果并非最优解。很显然，如果在此基础上继续进行优化可能在碰撞过程中由于结构不连续出现歧义结构问题，甚至整个优化过程无法进行或者由于每次内层拓扑优化进行不彻底而无法得到最优解，致使整个碰撞拓扑优化过程振荡或者不收敛。通过以上分析可以得出，存在一个合适的比例因子使得等效静态载荷下的结构拓扑优化可以得到一组数值稳定的解，且在不同比例的等效静态载荷作用下，目标函数迭代历程的变化趋势是相同的，但是如果等效静态载荷过大就会引起因柔度过大导致内层拓扑优化过程非正常终止、拓扑优化结果不可行，进而影响整个碰撞拓扑优化的效率和可行性。这再次印证了2.4节中的结论，即在线性范围内对载荷进行按比例缩放不会影响线性拓扑优化的结果，但会使得目标函数按比例系数的平方缩放。这意味着等效静态载荷与等效线性静态载荷得到的拓扑优化结果是一致的。

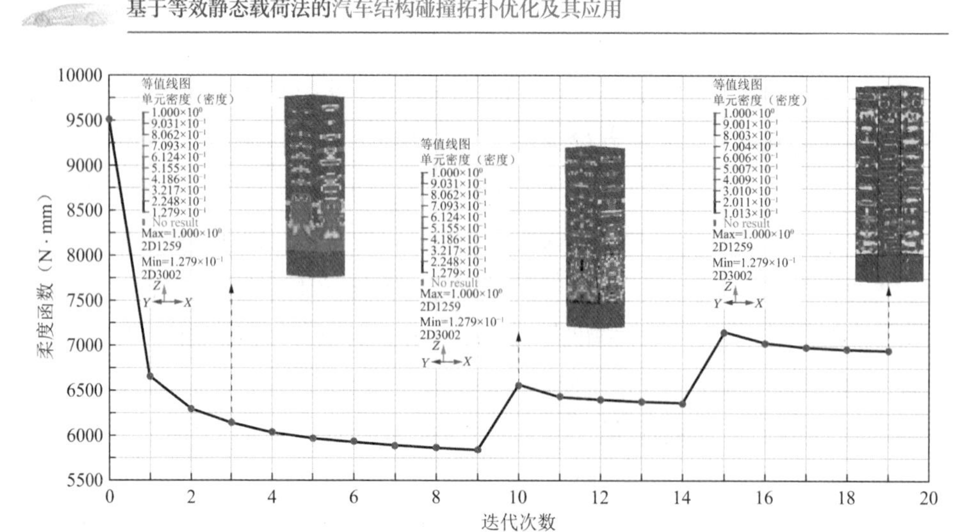

图 4-10　第 1 次外部循环目前函数的迭代历程和结构拓扑演化过程

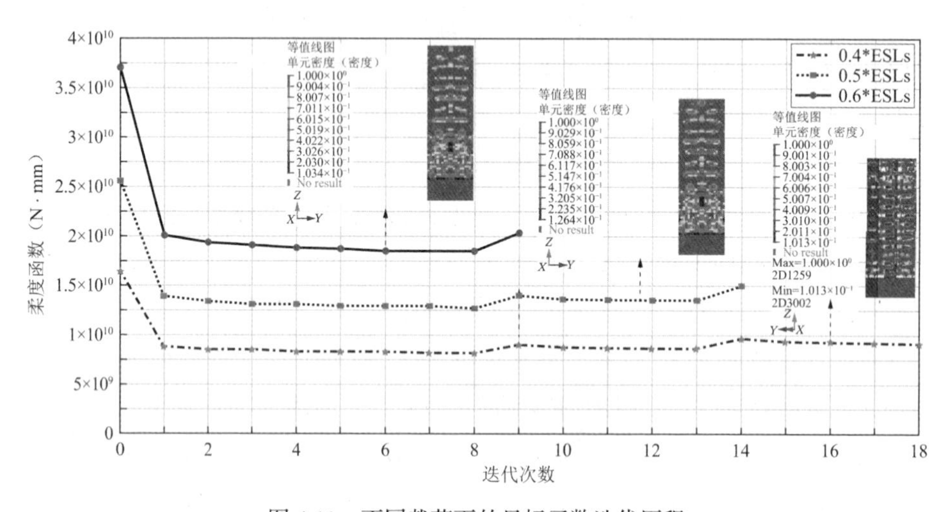

图 4-11　不同载荷下的目标函数迭代历程

图 4-12 显示了基于 ELSLTO 法的整个优化过程中目标函数的迭代历程和结构拓扑在不同循环的演化过程，由图可以看出，整个优化过程经历了 5 个循环，进行了 5 次碰撞分析，目标函数收敛到一个相对平稳的值，优化结果清晰连续。

为验证拓扑优化结果的可行性，说明本章所提方法的有效性，对以上拓扑优化的结果进行了工程诠释和工艺修正并通过有限元重构得到优化后的新模型。拓扑优化的结果经过工程诠释和工艺修正得到的优化模型分别如图 4-13a）和图 4-13b）所示。由图 4-13 可以看出，高密度单元分布在承受高应力水平和大量吸收能量的塑性铰线附近，而其他低应力区域分布有空洞，以满足体积约束，同时为吸能盒发生轴向叠缩变形提供了合理诱导结构。此外，靠近吸能盒顶端的空隙区还有利于减小碰撞开始时的峰值碰撞力。因此，通过删除一些低密度单元在空穴区域形成诱导孔，从而能够保持吸能盒结构具备较高的能量吸收水平，同时减轻重量。为了验证该方法的有效性，对拓扑优化得到的模型进行重新建模，并在相同条件下进行了碰撞分析，并通过与原结构对比评估优化模型的耐撞性。

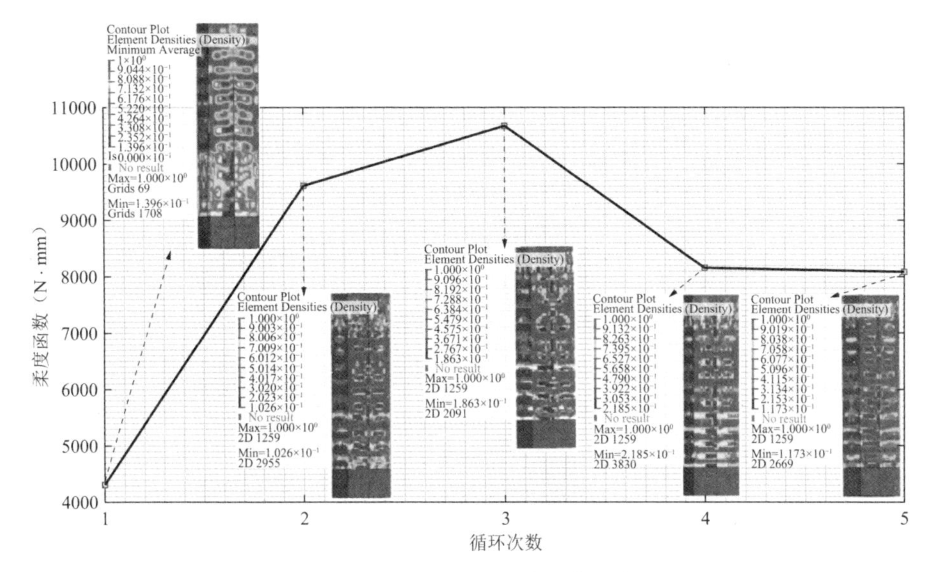

图 4-12 ELSLTO 法的目前函数迭代历程

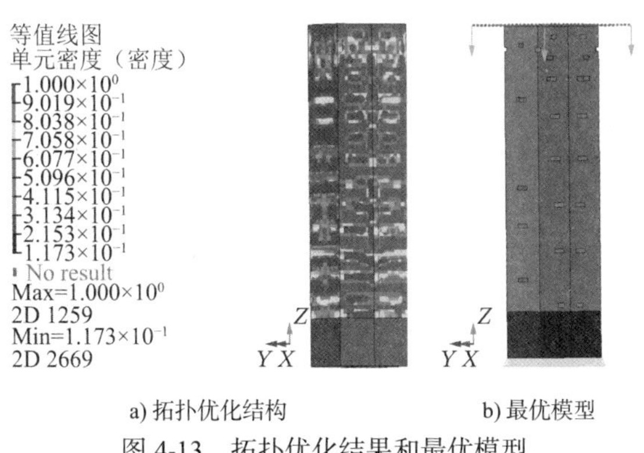

a) 拓扑优化结构　　b) 最优模型

图 4-13 拓扑优化结果和最优模型

4.4.3 最优拓扑结构性能评价

为便于对比和评价本书所提出碰撞拓扑优化方法的有效性，将图 4-6 中的有限元模型称为原始模型，并在相同的碰撞条件下与原模型的耐撞性进行比较。图 4-14、图 4-15 和图 4-16 分别对比了两种不同模型的X方向、Y方向和Z方向位移云图。通过比较发现，两种不同模型的轴向叠缩变形模式相似，但优化模型的变形更加均匀、更接近理想模式。此外，最优模型的径向变形增大（X方向由 134mm 增加到 144mm；Y方向由 146mm 增加到 196mm），轴向变形减小（Z方向从 202.2mm 减小到 185.5mm）。从图 4-17 可以看出，优化模型的内能密度比原模型大，分布更均匀，这表明优化模型的吸能潜能被进一步发挥，且能量密度分布更为均匀，可避免因局部能量密度过大而导致结构破坏。

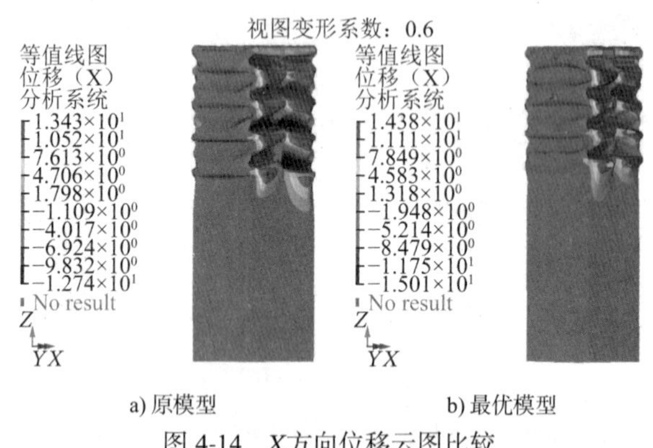

a) 原模型　　b) 最优模型

图 4-14　X方向位移云图比较

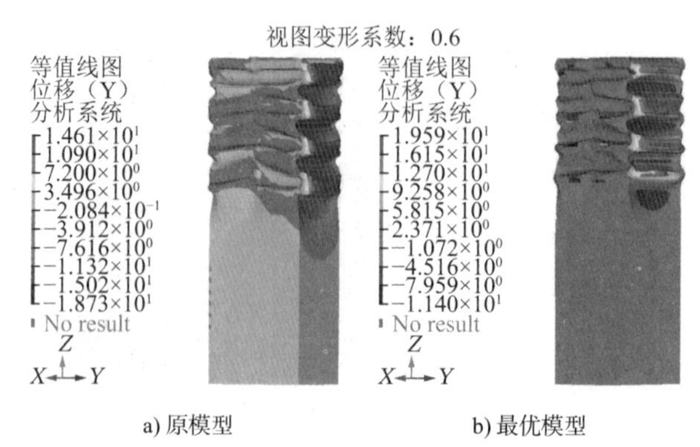

a) 原模型　　b) 最优模型

图 4-15　Y方向位移云图比较

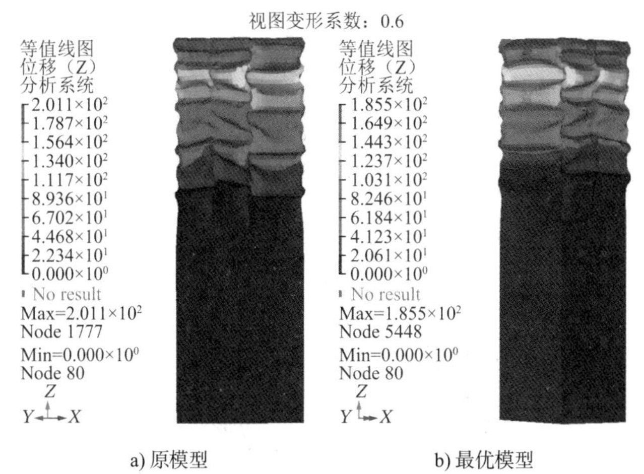

a) 原模型　　　　b) 最优模型

图 4-16　Z方向位移云图比较

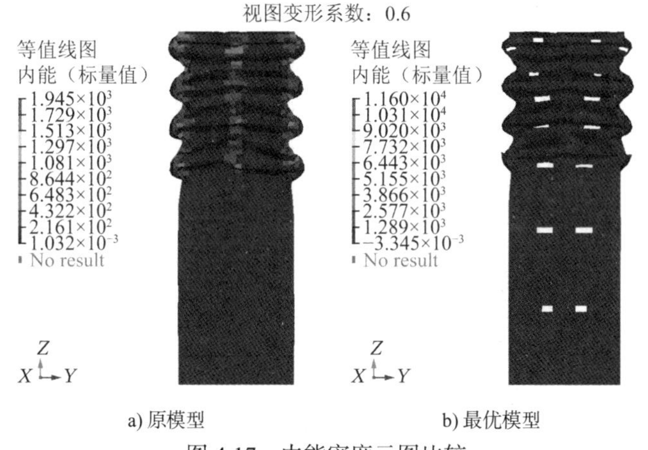

a) 原模型　　　　b) 最优模型

图 4-17　内能密度云图比较

图 4-18 和图 4-19 显示了两种模型碰撞力-位移曲线的比较，原模型的曲线用实线表示，优化模型的曲线用虚线表示。可以看出，优化模型的碰撞力-位移曲线整体水平与原模型相当，说明优化模型的整体碰撞力水平与原模型基本持平。值得注意的是，虽然优化模型的碰撞力水平提升不大，但是初始碰撞力峰值却明显减小，整个过程的最大峰值力也有小幅减小，更为重要的是峰值力出现的时间明显后移，这有利于提升结构的整体变形吸能特性，同时降低碰撞初始加速度，可有效降低车内乘员的损伤风险。同时优化模型的位移-时间曲线比原模型的低，表明优化模型的变形减小。

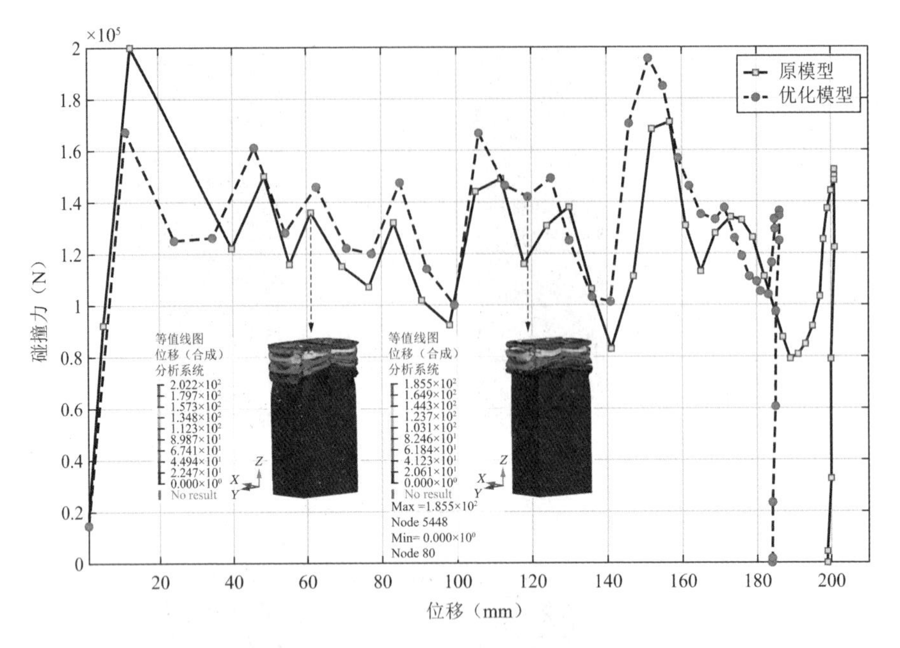

图 4-18　双室吸能盒结构碰撞力-位移曲线比较

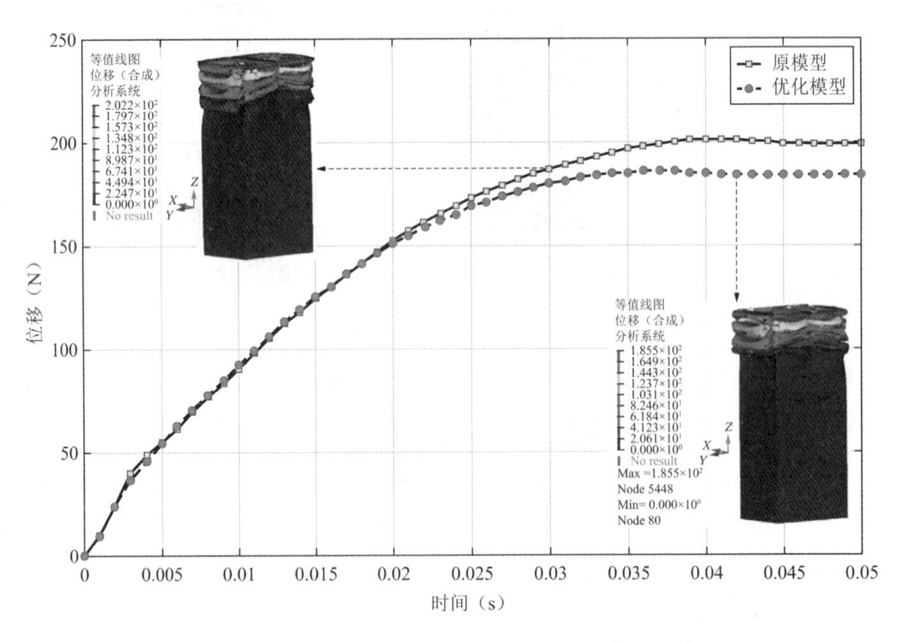

图 4-19　双室吸能盒结构位移-时间历程曲线比较

为了更为准确对优化模型的耐撞性和轻量化水平进行定量评估，对优化模型的耐撞性和轻量化指标与原模型进行了对比，如表 4-2 所示为两种不同模型的耐撞性能参数比较。由表可以看出，优化模型的总吸能E_A与原模型基本保持同一水平（相差 0.52%），然而新模型的质量（M_0）、最大碰能量（F_{max}）和最大变形量（d_{max}）分别下降 1.5%、2.5%和 8.3%。与此同时，比能量（SAE）、平均碰撞力（F_{avg}）、碰撞力效率（CFE）分别增加了 2.1%、9.6%和 11.5%。因此，优化模型与原模型相比耐撞性得到提高而结构质量有所下降，说明结构的耐撞性和轻量化效果均得到了提升。所以，本书所提出的结构碰撞拓扑优化方法可以稳定、高效地解决考虑碰撞引起的薄壁结构叠缩大变形拓扑优化问题。此外，本书所提出的方法为大变形碰撞工况下通过拓扑优化实现吸能盒诱导结构的优化设计提供了全新的方法。

原模型与最优模型的耐撞性比较　　表 4-2

项目	E_A（J）	M_0（kg）	F_{max}（N）	d_{max}（mm）	SAE（J/kg）	F_{avg}（N）	CFE（-）
原模型	24590.9	1.054	199989	202.2	23331.0	121616	0.61
优化模型	24718.3	1.038	194954	185.5	23813.4	133252	0.68
变化率	0.52%	−1.5%	−2.5%	−8.3%	2.1%	9.6%	11.5%

4.5 本章小结

本章在基于等效静态载荷的结构优化法（ESLSO）基础上，针对其在解决大变形碰撞条件下的结构拓扑优化问题时存在的数值不稳定问题，对等效静态载荷进行改进并提出等效线性静态载荷的计算方法及基于等效线性静态载荷的结构碰撞拓扑优化法，该方法可以用于解决碰撞引起的薄壁结构塑性屈曲或轴向叠缩变形情况下的拓扑优化问题。为说明本章所提出的基于等效线性静态载荷的结构碰撞拓扑优化法的有效性，将该方法应用于课题组提出的一种一体化板桁组合全承载式电动客车车身结构的吸能盒诱导结构优化设计，很好地兼顾了结构的耐撞性和轻量化设计要求，验证了该方法的优越性，拓展了拓扑优化方法的应用范围，为碰撞工况下的薄壁结构概念设计提供了参考方法。主要结论如下：

（1）所提出的基于等效线性静态载荷的结构优化法可以成功地应用于薄壁结构大变形碰撞拓扑优化问题，特别是考虑碰撞引起的薄壁结构轴向叠缩变形或塑性屈曲条件下的拓扑优化问题。

（2）所提出的等效线性静态载荷计算方法可以保证其作用下的内层结构拓扑优化始终处于线性范围内，提高了碰撞拓扑优化的数值稳定性。

（3）所提出的方法可以在兼顾结构的耐撞性和轻量化要求的前提下有效地解决吸能盒的诱导结构优化设计问题，为薄壁结构耐撞性和轻量化设计提供了一种全新思路和实用方法。

CHAPTER 5

第5章

前端系统碰撞安全性分析及结构拓扑优化设计

安全、节能、环保是汽车发展的永恒主题，具有零排气污染、低能耗、低噪声和高效率等突出优点的纯电动汽车自然受到世界各大汽车公司的青睐，成为当今汽车工业发展的一个重要方向。然而，电动汽车的安全性和续驶里程一直是制约其快速发展的主要因素。汽车轻量化不仅可以提高传统汽车的经济性、延长纯电动汽车的续驶里程，而且在同样的轻量化成本条件下，纯电动汽车的轻量化收益高于传统燃油汽车，也就是说纯电动汽车比燃油汽车对轻量化的需求更为迫切。可见，对于纯电动汽车而言，追求结构轻量化和耐撞性的需求更加迫切，开展车身结构轻量化和耐撞性设计方法研究对于延长续驶里程、提升动力性和安全性具有重要意义。

本章以某自主品牌纯电动汽车样车的前端结构为研究对象，该款车在沿用传统燃油车型的车身和底盘结构基础上，通过对动力系统和部分结构进行更换得到相应概念车型。作为一款纯电动 SUV，该车对整车轻量化和正面碰撞安全性提出了更高的要求，因此采用该车进行碰撞优化具有更好的普适性和更迫切的现实意义。本章针对该车正面碰撞安全性不佳的问题，综合运用本书提出的基于两种改进等效静态载荷的结构碰撞拓扑优化方法，对该纯电动汽车车身前端关键结构开展了碰撞工况下的结构拓扑优化研究，在概念设计阶段就统筹考虑汽车轻量化和耐撞性，实现结构耐撞性和轻量化的有效统一。首先为详细考查该纯电动汽车的正面碰撞安全性，建立了该车前端系统正面碰撞有限元仿真模型，并与实车碰撞试验结果进行对比，验证模型的正确性；然后基于所建立的有限元仿真模型对碰撞过程中前端系统整体和局部结构的碰撞变形行为、吸能特性和碰撞刚度等进行详细分析，确定影响正面碰撞安全性的关键部件及其存在的问题；最后通过综合本书提出的两种改进等效静态载荷计算方法及基于这些改进等效静态载荷的结构碰撞拓扑优化法建立了一种汽车结构轻量化和耐撞性优化设计方法，并开展了碰撞工况下的吸能盒诱导结构和纵梁加强板结构优化设计，拓展了拓扑优化的工程应用范围，验证了本书所提方法的工程应用价值，同时为汽车结构耐撞性和轻量化设计提供一种全新思路和实用方法。

5.1　前端系统正面碰撞安全性能分析及试验验证

汽车正面碰撞试验是评价汽车耐撞安全性的最基本试验和评价汽车安全等

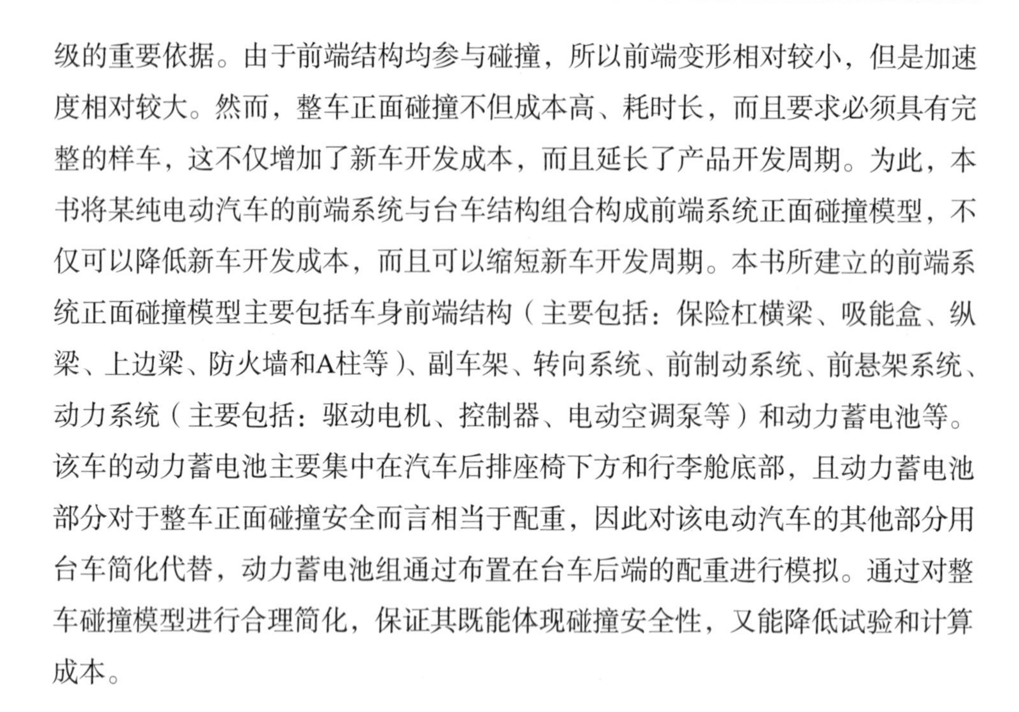

级的重要依据。由于前端结构均参与碰撞，所以前端变形相对较小，但是加速度相对较大。然而，整车正面碰撞不但成本高、耗时长，而且要求必须具有完整的样车，这不仅增加了新车开发成本，而且延长了产品开发周期。为此，本书将某纯电动汽车的前端系统与台车结构组合构成前端系统正面碰撞模型，不仅可以降低新车开发成本，而且可以缩短新车开发周期。本书所建立的前端系统正面碰撞模型主要包括车身前端结构（主要包括：保险杠横梁、吸能盒、纵梁、上边梁、防火墙和A柱等）、副车架、转向系统、前制动系统、前悬架系统、动力系统（主要包括：驱动电机、控制器、电动空调泵等）和动力蓄电池等。该车的动力蓄电池主要集中在汽车后排座椅下方和行李舱底部，且动力蓄电池部分对于整车正面碰撞安全而言相当于配重，因此对该电动汽车的其他部分用台车简化代替，动力蓄电池组通过布置在台车后端的配重进行模拟。通过对整车碰撞模型进行合理简化，保证其既能体现碰撞安全性，又能降低试验和计算成本。

5.1.1 前端系统正面碰撞有限元仿真模型

本书运用前端系统正面碰撞模拟整车正面碰撞工况，分析该车的正面碰撞安全性。如图 5-1 所示，将某纯电动汽车的前端系统安装在可移动台车的前端，通过调整台车配重使得整车质量达到 2t，并以 45km/h 的速度正面撞击刚性墙，检验该车的碰撞安全性能。要求移动台车的前进方向与试验车纵向轴线一致并与刚性墙垂直，且在碰撞瞬间移动台车不受转向和驱动装置的作用。正面碰撞有限元仿真模型的建立主要包括几何简化和几何清理、网格划分和网格质量检查、材料定义和属性赋值、部件连接与模型组装、碰撞测试点布置、初始条件和约束设置、计算控制参数设置等。

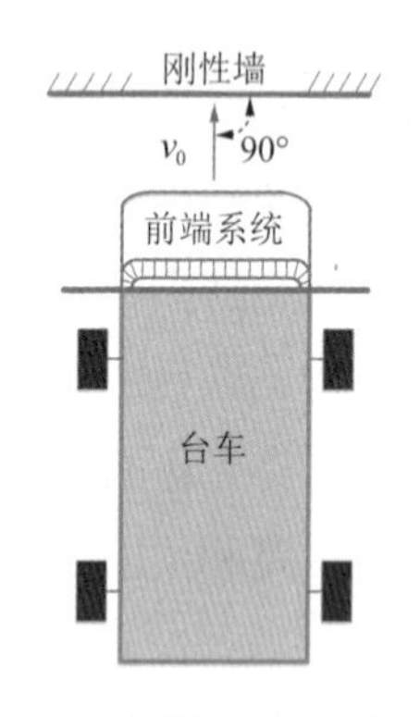

图 5-1　前端系统正面碰撞示意图

（1）几何简化和几何清理。

几何简化是在保证计算精度的前提下，通过删除整车结构中的一些微小的、次要的、对整体性能影响较小的局部结构特征以提高计算效率、节约计算成本，同时保留关键部件上专门设计的孔洞、压痕等对碰撞变形和载荷传递有重要影响的诱导结构，如图 5-2 所示为几何简化的几个典型处理方法。删除变速器、驱动电机、空调泵等结构表面的加强筋，这些结构特点对于正面碰撞安全的影响很小，但会导致网格尺寸减小、网格质量变差、计算成本增加和计算精度变差。此外，对于几何模型中的螺栓、动力电缆接头和断电器等对结构自身及整车力学性能贡献微小的结构特征在建模过程中全部删除。但是，对于在碰撞过程中吸收碰撞能量和传递碰撞载荷的关键结构必须保留专设的局部结构特征，如压痕、开口和翻边等。这些特征将对结构吸能和碰撞载荷传递起关键作用，直接影响整车的碰撞安全性。

几何清理是为了更好地划分网格，在导入几何模型后通过删除重复面、压缩共享边、创建缺失面等措施进行必要的几何修复，以及通过简化倒角、倒圆、短边和小孔、重设共享边和固定点等手段优化几何模型，如图 5-3 所示为进行几何清理的几个典型特征。对于半径小于 4mm 的小孔直接删除；对于半径在 4～5mm 的中孔在网格划分中空一个四节点网格；而对于半径大于 6mm 的大孔要在原孔基础上先扩一圈，然后再使用六边形、八边形或更多边形来表示。此外，在几何清理时删除半径小于 3mm 的圆角，去除高度低于 3mm 或者倒角小于 5mm 的凸台。

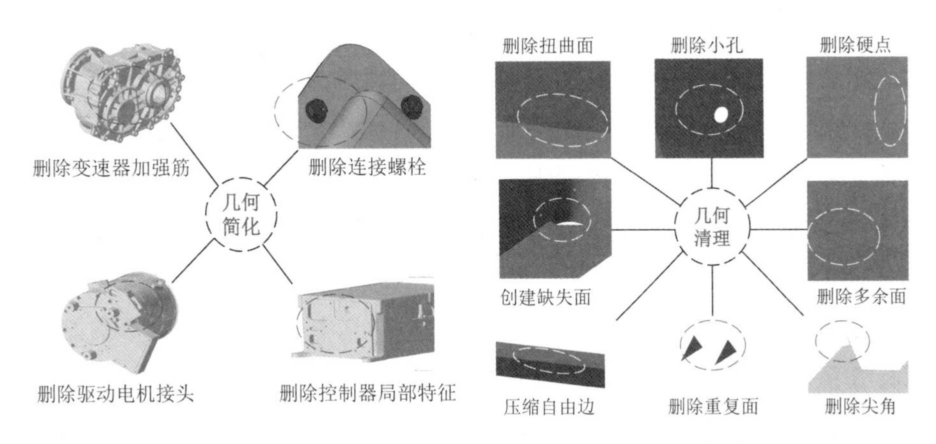

图 5-2　几何简化处理　　　　图 5-3　几何清理处理

（2）网格划分。

网格类型的选取以及网格划分的质量直接关系计算的精度和成本，在对纯电动汽车前端系统建模过程中所有薄壁板件均由二维壳单元（2D 单元）进行网格划分，对于实体结构则使用三维实体单元（3D 单元）进行网格划分。在本书所研究的电动汽车前端系统中，车身结构包含大量由金属薄板冲压而成的薄壁结构，如保险杠横梁、保险杠连接板、吸能盒、纵梁、防火墙、上边梁、挡泥板等部件，这些部件均采用 2D 单元划分。在薄壁结构的网格划分中尽量选择四节点四边形单元，三节点三角形单元的总数不要超过单元总数的 5%，单元尺寸通常设置为 10mm。但是对于碰撞过程对整车碰撞安全性和载荷传递起重要作用的关键部件以及在后期需要进行拓扑优化的设计空间可以使用更小的网格进行划分（一般不小于 5mm）。同样，对于一些变形不明显、对整车碰撞安全性影响不大的非重点研究部件可以采用较大的网格进行划分，如本书中对于台车的部分结构使用 20mm 的单元进行网格划分。对于驱动电机、控制器、空调泵和动力蓄电池等结构在网格划分时可视为实体结构，采用四节点四面体单元或者八节点六面体单元，且考虑到这些结构在碰撞过程中一般视为刚体，所以在网格划分时可以适当选择较大的单元尺寸，但一般不超过 20mm，这样既可以保证模型的计算精度，又可以降低计算成本。对于碰撞过程中承受载荷较大的实体结构，如悬架上下摆臂、纵拉杆和平衡杆等结构采用 10mm 的四节点四面体单元。

如图 5-4 所示为某纯电动汽车前端系统正面碰撞有限元仿真模型的各系统组装示意图，由图可以看出该模型主要包括：车身前端、副车架、动力总成、悬架系统、转向系统、制动器等。车身前端主要部件包括保险杠横梁、吸能盒、纵梁、上边梁、A柱和防火墙等，由于这些部件均由薄钢板冲压后焊接而成，属于典型的板壳结构，故选择四边形和三角形壳单元进行网格划分。其中，保险杠横梁、吸能盒和纵梁是正面碰撞重要的吸能结构且承担着大部分碰撞载荷的吸收和传递。因此在碰撞仿真中，为减少碰撞沙漏能、提高计算精度，这部分结构的单元采用全积分单元类型，其他壳单元均采用 Belytschko-Tsay 单元，车身前端主要部件的材料参数及厚度匹配如表 5-1 所示。

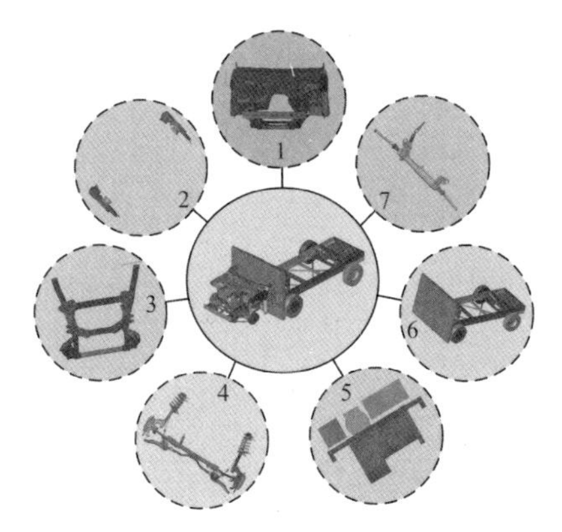

序号	图片	部件
1		车身前端
2		制动器
3		副车架
4		悬架系统
5		动力总成
6		滑车
7		转向系统

图 5-4　前端各系统组装示意图

车身前端主要部件的材料参数及厚度　　表 5-1

部件名称	材料名称	厚度（mm）
保险杠横梁	HF1050	2.5
吸能盒	590DP	3.0
纵梁内板	SAPH440	2.5
纵梁内板	HC340/590DP	2.5
上边梁	HC340/590DP	1.5
防火墙	DC06	1.2
A 柱	WHT1500HF	2.0
副车架	AL	4.0

（3）材料定义和属性赋值。

由于在汽车正面碰撞中，保险杠横梁、吸能盒和左、右纵梁构成了传递碰撞载荷的主要路径，吸收了碰撞过程中的大部分能量，因此这些结构对于汽车正面碰撞安全起着关键作用，下面就对这几个部分结构进行详细介绍。如图 5-5 所示为汽车前保险杠横梁的安装位置及具体尺寸。保险杠横梁由长 1136mm、高 120mm、纵向宽度为 45mm、厚度为 2.5mm 的双腔薄壁梁构成。保险杠横梁是正面碰撞过程中传递载荷和吸能能量的第一屏障，在正面碰撞过程中承担着吸收碰撞能量和将保险杠横梁中间的碰撞载荷传递给左、右吸能盒及左、右纵梁结构的作用。此外，在正面偏置碰撞中保险杠横梁负责将碰撞载荷传递至另一侧的吸能盒和纵梁，起到平衡碰撞载荷的作用。所述保险杠横梁结构的由厚度为 2.5mm 的硼钢板 HF1050 结构件组成。

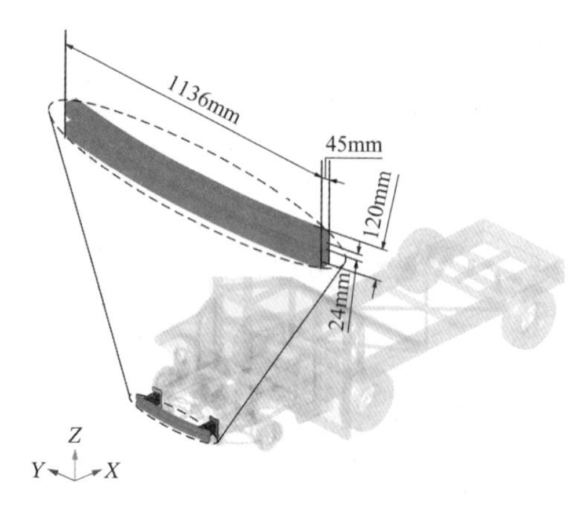

图 5-5　保险杠横梁结构的安装位置及尺寸

吸能盒结构，是发生低速正面碰撞过程中的主要吸能结构，在低速碰撞下，吸能盒可以抑制散热器之后的结构发生塑性变形，对于减小低速碰撞损失、降低维修费用具有重要意义。在中高速碰撞中，吸能盒结构承担着吸收碰撞能量和缓冲碰撞产生的冲击加速度的作用，最大限度消耗碰撞能量和降低碰撞初始峰值加速度。如图 5-6 所示为右吸能盒结构的安装位置及尺寸，由放大图可以看出所述吸能盒结构由长 190mm、宽 80mm、高 125mm、厚 3.0mm 的矩形截面薄壁梁组成。值得注意的是，为诱导吸能盒在碰撞过程中发生轴向叠缩变形和降低碰撞时的峰值加速度，在吸能盒上、下两个面上各设置了 3 个诱导槽结构。吸能盒结构选用了相变诱导塑性高强度冷连轧钢 590DP。

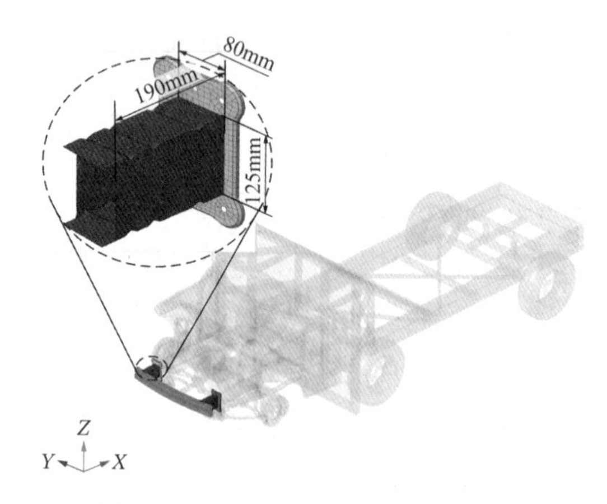

图 5-6　吸能盒结构的安装位置及尺寸

如图 5-7 所示为左、右纵梁结构，由于左、右纵梁的结构是对称的，所以仅对右纵梁结构进行了放大。纵梁的纵向长度为 1020mm、宽度为 85mm、高为 136mm、厚度 2.5mm。纵梁由两个帽型的冲压件焊接而成，其中前端的直梁部分长度为 740mm。纵梁结构是车身结构中吸收正面碰撞能量的最重要屏障，主要通过轴向叠缩变形来吸收碰撞能量,同时也是传递正面碰撞载荷的主要路径。

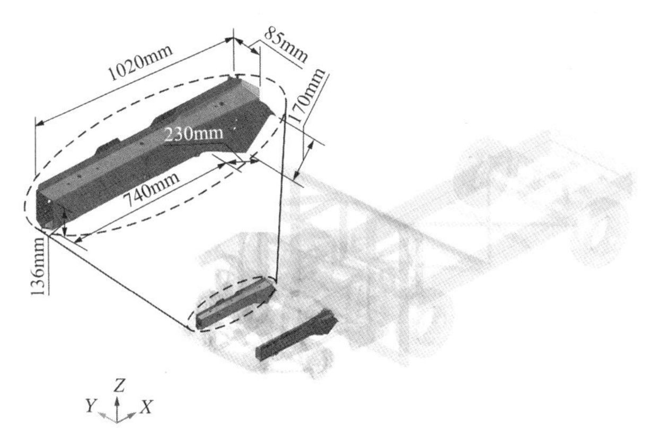

图 5-7　纵梁结构安装位置及尺寸

纵梁在汽车正面碰撞中主要通过自身轴向塑性变形吸收碰撞能量。纵梁的直梁部分承担的主要作用是在中、高速度碰撞时，通过叠缩变形模式吸收碰撞能量和传递碰撞载荷；后段的弯梁部分的主要作用是在高速碰撞时，在保证前端结构的碰撞距离得到完全利用和前端结构的吸能作用得到充分发挥的前提下，通过必要的弯曲变形降低动力系统等前舱内刚性结构的高度，以避免其侵入乘员舱内造成乘员损伤。值得注意的是，纵梁过早出现弯折变形则不利前端结构吸收碰撞能量和传递碰撞载荷，因此纵梁结构的设计和匹配对于发挥车身前端结构的作用，保证正面碰撞安全性具有至关重要的意义。相关研究表明，只有保证 70%以上的碰撞能量由纵梁吸收，才能避免乘员舱不被侵入。所述纵梁结构的内板和外板分别由厚度为 2.5mm 的钢板结构件组成，选用了热轧钢板 SAPH440 和相变诱导塑性高强度冷连轧钢 HC340/590DP。

移动台车包括车轮、车架和前端安装板等结构，其中台车的轮辋和车架使用刚性材料，在碰撞过程中视为刚体，轮胎采用弹性橡胶材料。动力系统主要包括驱动电机、控制器、空调泵等，动力系统和动力蓄电池在碰撞过程中视为刚体结构，因此在网格划分时使用 20mm 的六面体单元，单元材料定义为

MAT20刚性材料。此外，悬架系统上、下摆臂在碰撞中承受很大的载荷，通常发生塑性大变形，且在建模时考虑到这些结构几何不规则，采用四面体单元和弹塑性材料。现代汽车为抑制发动机的振动而设计了副车架，在高速碰撞过程后期，副车架也参与碰撞及碰撞能量吸收并形成底部载荷传递路径。副车架也为薄壁结构，由于结构比较复杂采用10mm的四边形和部分三角形壳单元进行网格划分，本书所研究的纯电动汽车前端系统正面碰撞有限元仿真模型中主要部件网格参数信息如表5-2所示。

前端系统主要部件网格参数信息 表5-2

部件	网格类型	网格尺寸	网格属性	网格数量
保险杠横梁	Belytschko-Tsay 壳单元	10mm × 10mm	弹塑性	4152
吸能盒	Belytschko-Tsay 壳单元	10mm × 10mm	弹塑性	2812
纵梁	Belytschko-Tsay 壳单元	10mm × 10mm	弹塑性	22445
副车架	Belytschko-Tsay 壳单元	10mm × 10mm	弹塑性	84453
上边梁	Belytschko-Tsay 壳单元	10mm × 10mm	弹塑性	21485
防火墙	Belytschko-Tsay 壳单元	10mm × 10mm	弹塑性	34118
A柱	Belytschko-Tsay 壳单元	10mm × 10mm	弹塑性	31398
台车车架	Belytschko-Tsay 壳单元	20mm × 20mm	刚性	79568
轮胎	壳单元	10mm × 10mm	弹性	188712
悬架	等应力体单元	10mm 四面体单元	弹塑性	90085
动力蓄电池	等应力体单元	20mm 四面体单元	弹塑性	539
空调泵	等应力体单元	20mm 四面体单元	弹塑性	546
转向系统	等应力体单元	10mm 四面体单元	弹塑性	15832
前制动系统	等应力体单元	10mm 四面体单元	弹塑性	12555

（4）部件连接及模型组装。

如图5-8所示为各系统组装时使用的主要连接方式，其中固定连接运用最多的是点焊和焊缝连接，如纵梁的内板和外板之间就是通过点焊进行连接的，而吸能盒、保险杠横梁及纵梁与各自连接板之间的连接则使用焊缝连接。对于整车装配中使用的大量螺栓等连接件进行适当的简化忽略其外部几何特征和预紧力等物理特点，将其简化为两端约束的BEAM梁或者刚性单元，但释放轴线转动自由度。在碰撞分析中对于转向系统、悬架系统中的各种铰链连接、轴承和衬套等局部几何特性进行忽略，仅保留其主要力学特性。因此，活动连接大量应用在转向系统和悬架系统中，如转向横拉杆与转向节之间连接使用的是球铰链，转向横拉杆与转向器之间的连接则使用柱铰链连接，此外，悬架摆臂与副车架及转向节之间的连接也用到球铰链和柱铰链。值得注意的是，动力系统和台车车架各部分之间的连接属于刚体之间的连接，利用 ConstRigidRbody 类型的接触来实现连接，而它们与其他部件之间的连接则属于刚体与柔体之间的连接，利用 XtraNode 类型的接触来实现连接。

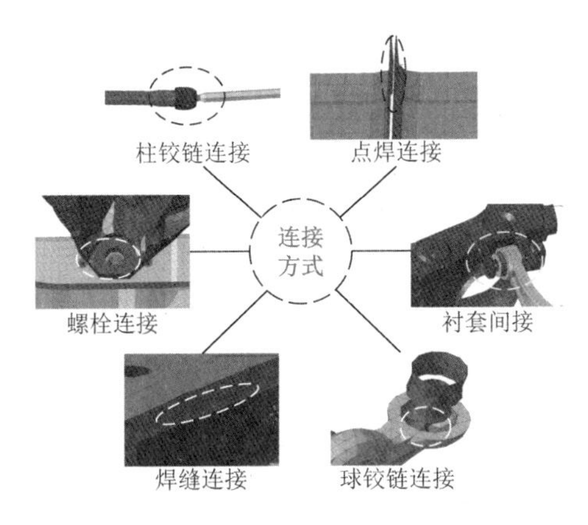

图 5-8　部件之间的主要连接方式

通过利用以上连接方式装配各系统构成的前端系统正面碰撞有限元仿真模型如图 5-9a）所示，实车试验模型如图 5-9b）所示。整个模型共计 231 个零部件，单元总数为 471257 个，节点总数为 470143，其中三角形单元占 2.6%，模型总重量 2000kg。

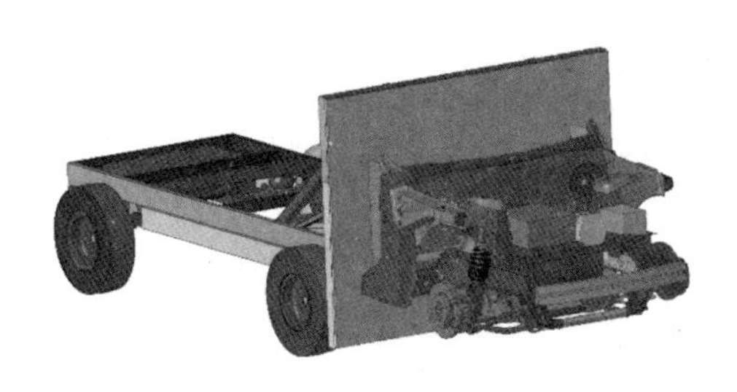

a) 有限元仿真模型

图　5-9

b) 实车试验模型

图 5-9　前端系统正面碰撞模型

此外，为了平衡计算精度与计算成本，严格控制单元的网格总体质量指标，所建模型的最小尺寸、雅克比、长宽比、最小角、最大角、扭曲度、翘曲度等特性参数全部满足企业质量标准要求，所有的体单元还要严格控制单元的对角线比、单元扭曲度、相邻单元大小之比、伸展度、锥度、单元体积等指标，具体网格质量评价标准如表 5-3 所示。通过对单元质量进行检查和调整，单元质量满足计算要求，单元质量检查结果如图 5-10 所示。

网格质量评价标准　　表 5-3

指标名称	参数范围	参数意义	适用网格
翘曲度（Warpage）	≤15	将四边形沿对角线分为两个三角形单元，两个三角形的法向夹角	四边形单元
长宽比（Aspect Ratio）	≤5	最长边与最短边的比值	2D、3D 单元
扭曲度（Skew）	≤40°	中线与底边平行线的夹角	2D、3D 单元
弦差（Chord Dev）	≤0.1	近似直线段与实际曲线的最短垂直距离	2D、3D 单元
最小边长［Length（Min.）］	≥2	单元最短边长	除四面体单元
最大边长［Length（Max.）］	≤30	单元最长边长	
雅克比（Jacobian）	≥0.6	反映单元偏离理想形状的程度	2D、3D 单元
体积长宽比（Vol AR）	≥5	最长边与最短边之比	3D 单元
三角形内角（Angle Tria）	[30,120]	三角形单元内角范围	2D、3D 单元
四边形内角（Angle Quad）	[45,135]	四边形单元内角范围	2D、3D 单元
四面体塌陷比（Tet Collapse）	≤0.1	反映四面体单元偏离理想形状的程度	四面体单元
体积扭曲度（Volume Skew）	≥0.95	反映四面体单元扭曲情况	四面体单元

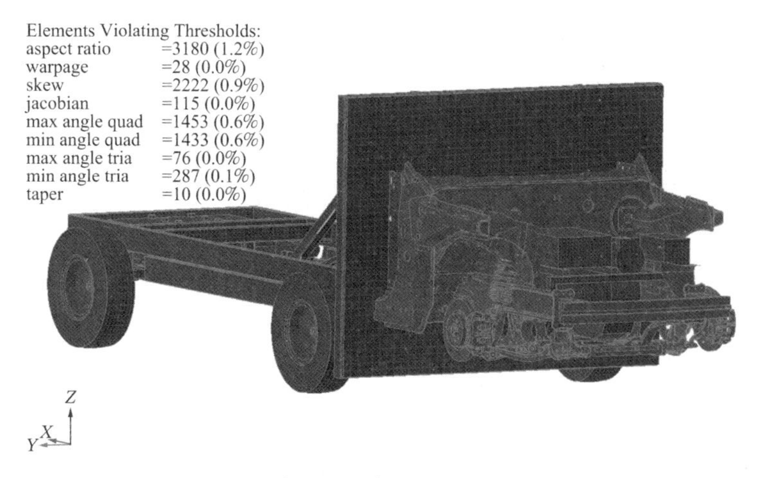

图 5-10　单元质量检查结果

（5）碰撞测试点布置。

前端系统正面碰撞有限元仿真分析的测试点包括三类，如图 5-11 所示，第一类是位于前保险杠横梁中间位置的测试点A，主要测试碰撞过程中该位置的位移和加速度；第二类是位于吸能盒前端与保险杠横梁连接的位置B_1、B_2和吸能盒后端与纵梁连接板连接的位置C_1、C_2主要用于测量该点的位移、加速度值以及吸能盒结构的变形量；第三类测量点位置分别位于汽车左、右纵梁中、后位置的四个测量点D_1、D_2、E_1、E_2，主要用于测量纵梁在碰撞过程中的加速度、位移及纵梁前、后段的变形量；第四类位于台车前轮中心纵平面与台车车架纵梁交点上方的左、右 2 个测试点F_1、F_2，主要测试碰撞过程中该位置的加速度和位移量。其中，保险杠横梁测试点A的具体位置如图 5-12 所示，左、右吸能盒的测试点B_1、B_2、C_1、C_2如图 5-13 所示；左、右纵梁测试点D_1、D_2、E_1、E_2的具体位置如图 5-14 所示，台车测试点的具体位置F_1和F_2如图 5-15 所示。值得注意的是，在实车碰撞试验中仅测量图中部分点的加速度信号。

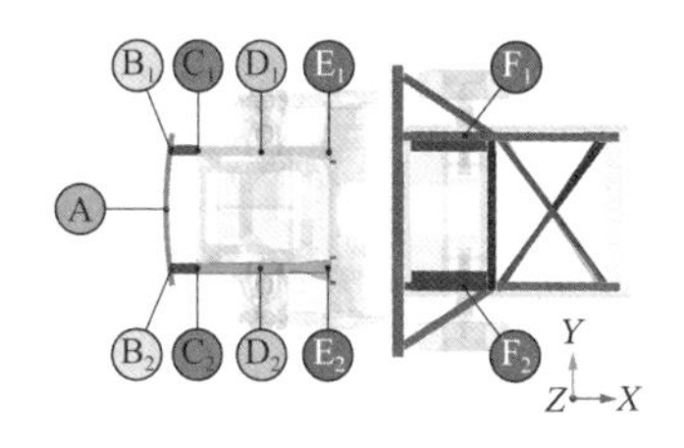

图 5-11　碰撞仿真测试点位置分布图

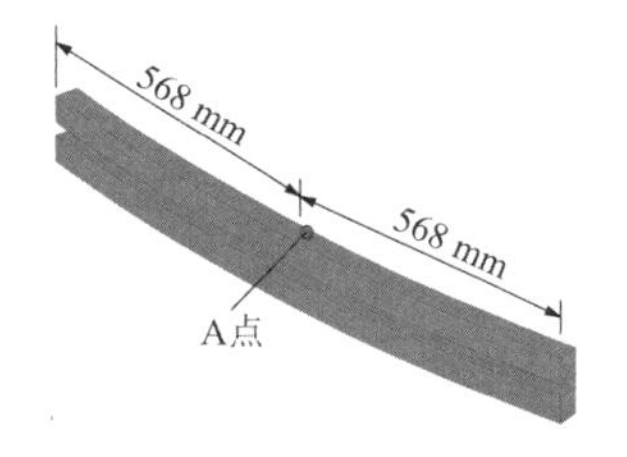

图 5-12　保险杠横梁测试点

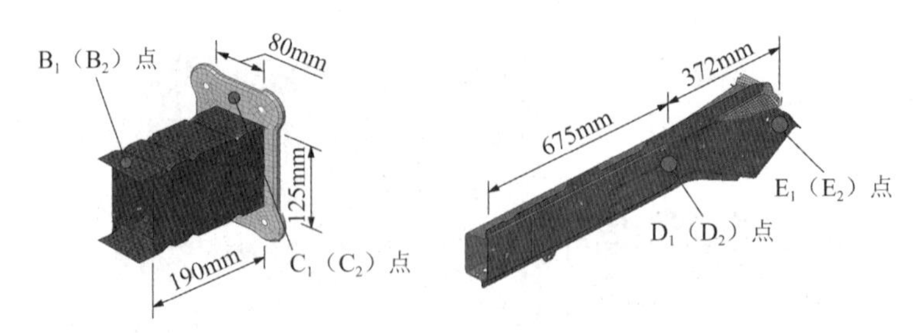

图 5-13　左、右吸能盒测试点　　　图 5-14　左、右纵梁测试点

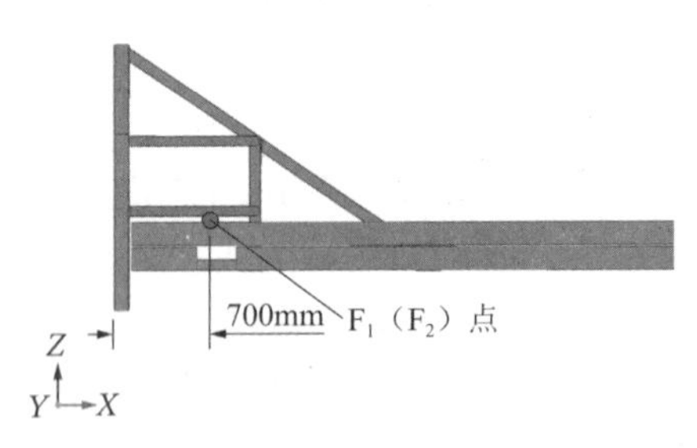

图 5-15　台车测试点

（6）初始条件和约束设置。

设置初始碰撞速度为 45km/h 沿 X 方向垂直撞击刚性墙，整车模型中心线与刚性墙垂直，同时约束刚性墙的所有自由度。

（7）计算控制参数设置。

设置碰撞仿真时间为 0.14s，仿真时间步长为 3.2×10^{-8}s。定义输出整体模型和各部件的总能量、动能、内能和沙漏能，以及所有测试点的位移、速度和加速度值等响应。同时，开启多核并行计算和质量缩放，以加快碰撞仿真过程。

5.1.2　前端系统正面碰撞仿真分析及试验验证

通过对前端系统正面碰撞有限元模型的各项参数进行设置，整个模型以 45km/h 的初始碰撞速度沿 X 方向垂直撞击刚性墙，整车模型中心线与刚性墙垂直。由于结构复杂，模型庞大，整个碰撞过程在 32G 内存、16 核 i7 处理器中进行单次仿真运算大约需要 185h。

为验证所建立的某纯电动汽车前端系统正面碰撞有限元仿真分析模型的正确性，在相同条件下开展了相应电动汽车前端系统的实车正面碰撞试验，如

图 5-16 所示。试验车辆由台车和纯电动汽车前端系统组成，通过调整台车配重使得整车质量达到 2000kg。试验时，前端系统以 45km/h 的初速度正面撞击刚性墙，在碰撞前瞬间动力牵引和转向系统解除，保证试验车辆处于自由滑行状态。实车碰撞试验共布置 21 个测试点，其中与本书有关的 7 个测试点分别位于保险杠中间位置、纵梁中间和后端及台车前端，这些加速度传感器分别测试各点的X、Y、Z方向信号，测试点具体位置如图 5-16 所示。

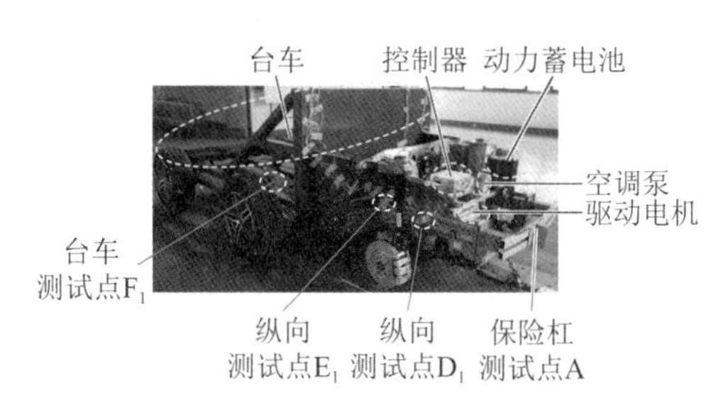

图 5-16　碰撞试验加速度信号测试点位置分布图

在工程中通常从以下三个方面评价碰撞有限元仿真模型的精度和可靠性：①结构的整体和局部变形模式及变形量；②关键位置点有限元仿真和实车碰撞试验加速度-时间历程曲线的匹配程度；③碰撞能量守恒性。

碰撞结束后，将刚性墙移开并提取碰撞结束后前端系统正面碰撞总体变形的仿真与实车碰撞试验结果如表 5-4 所示，通过仔细观察各个不同视角的碰撞仿真和试验的变形损坏情况可以发现前端变形情况较为严重，但整体的变形模式合理，没有明显的结构穿透、部件脱落和运动不协调等变形异常问题，变形具体部位基本一致，变形情况基本相同。从正前面来看，仿真与试验结果具有较好的一致性，且均显示保险杠横梁完全被压平，刚性墙与保险杠发生碰撞后将载荷通过吸能盒分配到左、右两侧的纵梁结构，副车架也与刚性墙发生碰撞并产生明显塑性变形。此外，由于碰撞产生的强大惯性导致控制器安装支架发生了弯曲变形。从左前和右前视角观察，仿真和试验均表明左前端和右前端结构的变形对称性良好，变形模式基本一致，反映实车结构和仿真模型的对称性较好，所建模型能够较好反映前端结构的整体变形情况。值得注意的是，两端吸能盒已经完全被压缩，纵梁前段也出现了明显的轴向叠缩变形，且纵梁的后段均发生了严重的弯折变形。

前端系统正面碰撞总体变形仿真与实车碰撞试验结果对比 表 5-4

视角	仿真结果	试验结果
左前		
右前	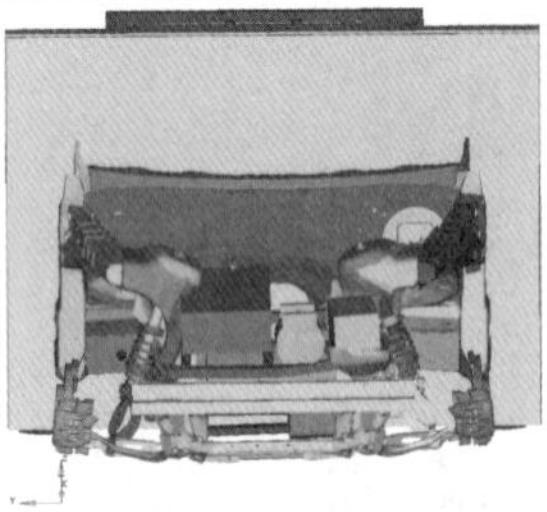	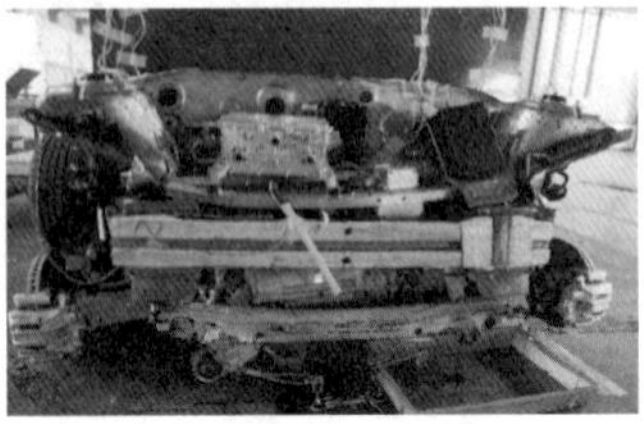
右前	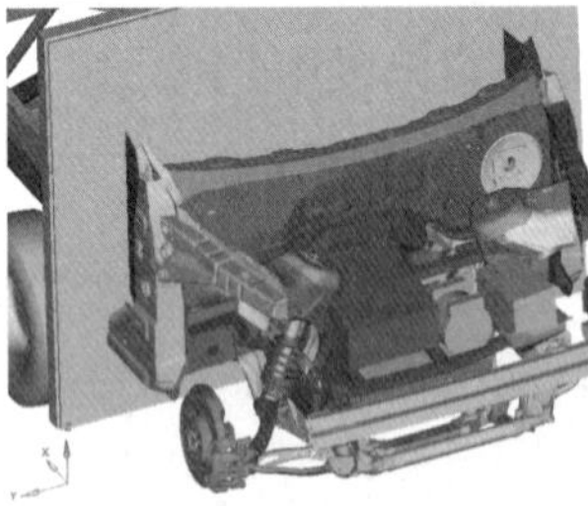	

表 5-5 所示为车身前端局部结构有限元碰撞仿真分析与实车碰撞试验变形结果的对比，可以看出，仿真和试验结果基本一致且均显示保险杠横梁被压平，保险杠横梁两端与吸能盒连接的部位已经发生局部凹陷。吸能盒发生了明显的轴向叠缩变形，没有出现局部破坏且完全被压缩情况。纵梁结构前段出现叠缩变形，后段出现严重弯折变形。副车架后端出现明显的向下弯折，这有利于在高速碰撞时降低动力系统的高度，避免由于动力系统挤压防火墙而对车内乘员的生存空间造成威胁。

总之，无论是从整体还是局部变形上看，有限元碰撞仿真结果和实车碰撞试验结果都具有较好的一致性，这说明所建立的前端系统正面碰撞有限元模型可以较为地准确模拟实车碰撞试验的实际变形情况。

车身前端结构局部变形仿真与试验结果对比　　　　表 5-5

项目	仿真结果	试验结果
保险杠横梁		
吸能盒		
纵梁	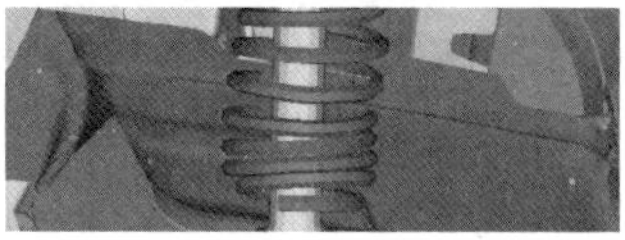	

碰撞结束后前端系统的剩余变形量（考虑弹性恢复后的变形量）是表征有限元仿真模型正确性和精度的重要依据，为定量比较碰撞仿真和试验结果，对碰撞后的前端结构剩余长度进行了对比。如图 5-17 所示为碰撞结束后前端系统的剩余长度仿真与试验对比图，图 5-17a）为实车碰撞试验结束后前端结构剩余长度，由图可以看出碰撞结束后前端结构剩余长度是指保险杠横梁至前轮后挡泥板之间的纵向距离，即X方向的距离。根据图中测量方法测定前端结构的剩余长度为局部放大图所示的 635mm。图 5-17d）则为碰撞仿真结束时的前端结构长度，由图可以看出仿真结果为 681.7mm，与试验测试结果相差 7.4%。可见，从前端系统正面碰撞结束后剩余长度的仿真和试验结果对比来看，所建立的有限元仿真分析模型可以得到满意的计算结果，说明所建立的仿真模型具有较高的精度。

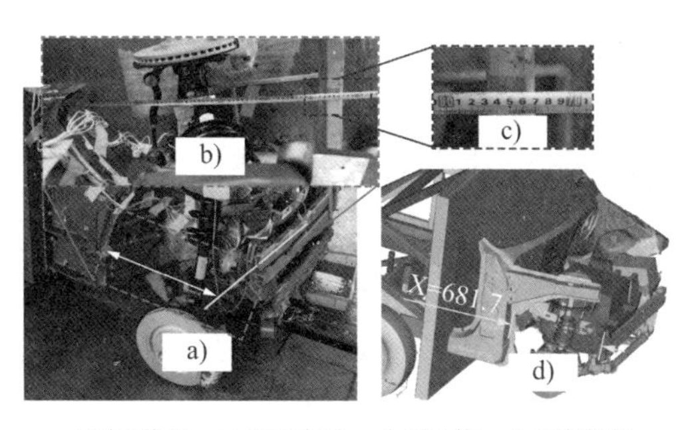

a) 测量位置；b) 测量方法；c) 测量值；d) 仿真结果

图 5-17　前端系统剩余长度仿真与试验对比

为进一步验证有限元模型的有效性，除了对整体和局部变形模式和剩余长度等静态指标进行对比外，还需要对仿真和试验的动态响应进行比较。由于碰撞过程中强大的冲击力产生的加速度是引起车内乘员损伤的重要原因，因此重点考察加速度响应。在汽车正面碰撞中B柱下端H点的碰撞加速度是衡量碰撞安全性的重要指标，但由于本书仅针对前端系统进行碰撞分析，不涉及B柱下端的H点，故将台车前端的测量点F_1作为衡量碰撞安全性的关键测量点。

如图 5-18 所示为台车前端测量点的仿真和试验加速度-时间历程曲线对比图，通过对比可以看出，仿真和试验曲线的整体变化趋势比较一致，尤其是在 0.012s 之前，仿真与试验加速度曲线吻合非常好，0.012s 之后碰撞仿真计算值略高于试验值，试验曲线的振荡也明显增强，而仿真曲线局部波动较小，这可能是由于仿真模型与实车之间的差异导致或者试验设备的误差造成的，但是从设计的角度出发，仿真结果略高于试验结果是偏保守的，更有利于安全。表 5-6 对比了仿真和试验加速度-时间历程曲线的初始峰值、第二峰值和最大值，由表可以看出，仿真计算的初始峰值加速度值为 15.5g，出现在 0.004s，而试验测得的初始峰值加速度值为 14.3g，出现在 0.005s，初始峰值加速度和相应时间的误差分别为 8.4%和 20%；第二峰值加速度和时间的误差分别为 2.9%和 17.6%；最大加速度值和对应时间点的误差分别为 3.6%和 4.4%。可见，从曲线反映出的最大加速度以及所对应的时间来看，仿真和试验值之间的吻合度较好。总之，从整个加速度-时间历程曲线来看，有限元碰撞仿真分析和实车碰撞试验之间的吻合度较高，从局部来看虽然存在一些差异，但是加速度的峰值和最大值及其对应时间的吻合度较高。

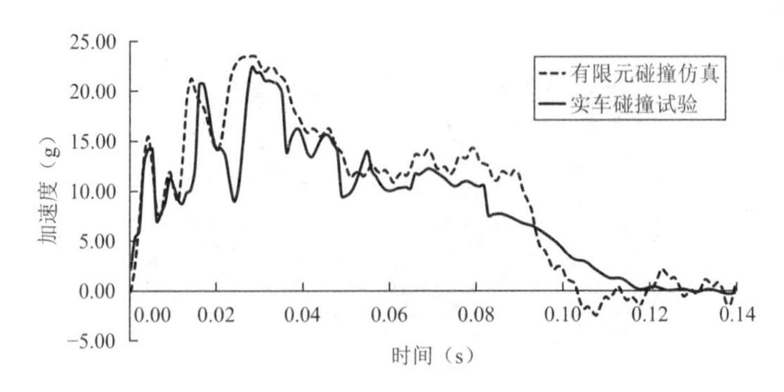

图 5-18　碰撞加速度-时间历程仿真与试验对比

前端系统剩余长度和碰撞加速度的仿真与试验结果统计　　表 5-6

项目	剩余长度（mm）	加速度-时间历程曲线					
		初始峰值加速度		第二峰值加速度		最大加速度	
		时间（s）	加速度（g）	时间（s）	加速度（g）	时间（s）	加速度（g）
仿真值	681.7	0.004	15.5	0.014	21.4	0.029	23.5
试验值	635	0.005	14.3	0.017	20.8	0.028	22.5
误差	7.4%	20%	8.4%	17.6%	2.9%	3.6%	4.4%

碰撞过程是一个将结构的初始动能转化为内能的过程，这个过程满足能量守恒定律。通过分析汽车在碰撞过程中的系统总能量、内能、动态能、沙漏能之间的关系，可以评判有限元仿真模型正确性。

如图 5-19 所示为前端系统正面碰撞过程中能量变化曲线，由图可以看出，各能量曲线均光滑且变化平稳，说明能量变化是连续的，整个碰撞过程发生在 0～0.10s 之间且在整个碰撞仿真过程中总能量曲线无波动且保持在 157557J 的水平不变，说明在碰撞过程中总能量是守恒的。动能是碰撞模型以初速度滑行所具有的能量，随着前端系统与刚性墙发生碰撞，前端系统的运动速度逐渐下降，动能也随着碰撞进行逐渐减小，这部分能量大部分被结构通过塑性变形的方式吸收并转化为结构的内能。在碰撞初始时刻由于结构没有发生变形，故内能为零，系统的动能与总能量相等。当碰撞发生后，随着前端结构的变形逐渐增大，结构内能也随着时间逐渐增加，在 0.025s 时内能超过动能，在 0.084s 时内能达到最大值，动能达到最小值，此时结构变形最大，此后开始出现变形回弹，在 0.10s 后两者均维持在各自水平保持不变直至碰撞仿真结束。沙漏能是由于计算中为了节约计算资源，在单元运算时采用显式单点积分导致的一种单元零能模式。

在碰撞仿真中，应尽量减少沙漏能的出现，工程中为避免仿真结果失效，要求沙漏能不得超过总能量的 5%。在碰撞过程中，内能最大的时刻（或变形最大的时刻）是人们经常关注的关键时间点，表 5-7 统计了内能最大的关键时间点（0.084s）各能量的具体数值，由表可以看出，0.084s 时碰撞沙漏能为 5968J，动能为 421J，内能为 150733J，其他能量为 435J。为便于分析碰撞过程中的能量转化情况，图 5-20 给出了关键时间点各能量的占比，由图可以看出，内能、动能和沙漏能的占比分别为 95.67%、0.27%和 3.79%，说明碰撞发生过程中有 150733J 的能量转化为系统内能，占总能量的 95.67%。从百分比上看，大部分的系统动能转化成内能而消耗掉，这部分能量由前端结构通过自身塑性变形或其他形式来吸收转化，达到减小乘员舱侵入量、降低车身加速度和保护车内乘员的作用。综上可见，整个碰撞仿真过程能量转化平稳合理，沙漏能平稳增加至趋于稳定，且仅占系统总能量的 3.79%，因而仿真模型正确、结果合理有效。

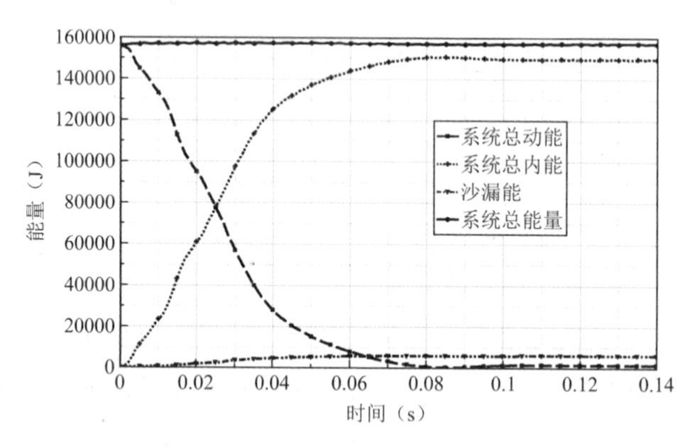

图 5-19　碰撞能量变化曲线

内能最大时各能量统计表　　表 5-7

能量类型	能量值（J）
总能量	157557
动能	421
内能	150733
沙漏能	5968
其他	435

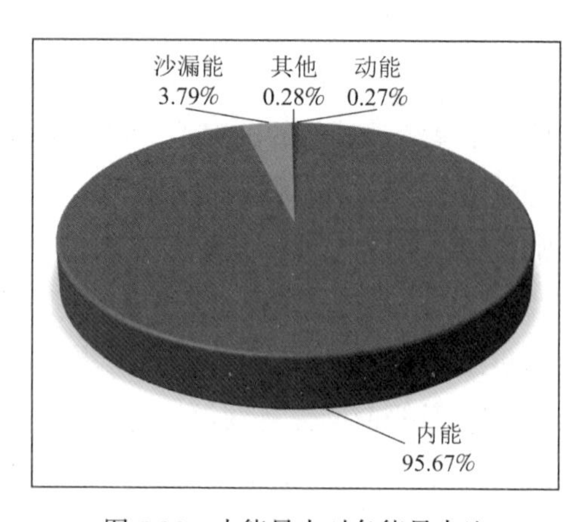

图 5-20　内能最大时各能量占比

表5-6统计了前端系统剩余长度和碰撞加速度的有限元仿真和试验结果对比，由表可以看出前端系统剩余长度的有限元仿真值和试验测量值的误差为7.4%，最大加速度及其所对应时间的点的误差分别为4.4%和3.6%，初始峰值加速度和第二峰值加速度的误差分别为8.4%和2.9%，均控制在10%以下。

综上所述，考虑到碰撞过程是一个极为复杂的非线性动力学过程，实现精确的有限元仿真计算十分困难且实车碰撞试验过程很容易受到外界环境和设备精度与测量不确定性等多种因素的影响，因此从整个碰撞过程中的整体和局部变形模式及变形量、加速度-时间历程和能量转化来看，仿真分析和实车碰撞试验的各项指标较为吻合，说明所建的有限元仿真模型准确、计算参数设置合理，仿真结果可信，可用于进一步对该系统进行详细的碰撞安全性分析及耐撞性评价和结构优化设计。

5.1.3　前端系统正面碰撞安全性能分析及关键结构确定

基于有限元的碰撞仿真分析具有方便、快捷和成本低等特点，在汽车碰撞安全研究中具有极其重要的作用。与实车碰撞试验相比，有限元仿真技术具有如下特点：①成本低，即一个模型可以进行无数次的碰撞而不损坏；②效率高，即如果对一个设计参数进行调整，只需要改动模型中相关模型的结构或者参数即可再次碰撞分析，这要比在试验中对实车结构调整后再次进行试验更方便、快捷，且利于多种方案的并行设计、分析和比较；③易测量，即不需要任何的测量仪器，就可以提取所需的碰撞数据，如位移、速度、加速度、力、能量等，而且有些结果是试验无法测量的；④能再现，即能够任意多次地再现各个部件的变形过程和各个数据的变化过程，便于研究人员对碰撞过程进行分析和结构进行优化。值得注意的是，虽然有限元仿真具有诸多的优势，但由于碰撞过程是一个极为复杂的过程，仿真结果需要通过试验验证才可以保证模型可靠性和精度，才可以用于进一步的分析和优化。5.1.2节已经验证了前端系统正面碰撞有限元模型的正确性，下面将充分利用有限元仿真技术的优势对前端系统的正面碰撞的安全性进行详细分析，全面评价其正面碰撞安全性并提取结构耐撞性和轻量化关键指标，确定影响正面碰撞安全性的关键结构，深入剖析导致安全性不佳的原因，为下一步开展前端系统关键结构碰撞拓扑优化及优化效果评价奠定基础。

1）能量分析

能量分析是对汽车的碰撞安全性进行研究分析的一个极为重要的方面。汽车碰撞过程中引起车内乘员损伤的原因主要有两个方面，一是由于碰撞能量未被前端结构充分吸收而传到车内引起车内乘员承受很大的冲击而导致的损伤；二是由于碰撞载荷没有按照设计的载荷传递路径高效传递而导致的发动机前舱内部件侵入乘员生存空间引起乘员损伤。在正面碰撞过程中，前端系统中最先参与碰撞的是保险杠横梁，碰撞产生的载荷依次通过保险杠横梁、吸能盒、纵梁传向门槛梁和乘员舱等结构传递，所以这些结构形成了碰撞载荷的主要传递路径。同时，碰撞能量通过这些结构的塑性变形首先被吸收，然后逐步传递到其后端结构。如果这些结构在碰撞过程中由于设计得不合理未能充分吸收碰撞能量或者未能高效传递碰撞载荷都将导致车辆的碰撞安全性变差，造成车内乘员损伤。如图 5-21 所示为正面碰撞过程中车身前端结构的内能-时间历程曲线，反映了车身前端各结构的碰撞吸能过程。从图中可以看出，保险杠横梁是碰撞过程最先吸收能量的结构，也是整个碰撞过程中吸能最少的结构。保险杠横梁的内能从碰撞开始增加，到 0.003s 达到稳定并基本保持不变，这说明保险杠横梁的主要变形发生在这个时间段。纵梁是碰撞过程中最后参与吸能的结构也是整个碰撞过程中吸能最多的结构。纵梁的内能从 0.013s 开始迅速增加，到 0.086s 时达到最大并基本维持不变，可见，纵梁的吸能几乎伴随整个碰撞过程，是吸能持续时间最长、吸能最多的结构。吸能盒的内能在 0.002s 开始迅速增长，在 0.016s 就达到最大值并基本保持不变，说明吸能盒的主要吸能时间介于保险杠横梁和纵梁之间，且在 0.003～0.004s 之间与保险杠横梁同步发生变形，在 0.013～0.016s 之间与纵梁同时同步变形。此外，吸能盒的总内能也是介于保险杠横梁和纵梁之间。值得注意的是，在吸能盒的内能达到最大稳定值之前，纵梁结构的内能已经开始快速增长，这意味着在吸能盒还没有被完全压缩的情况下，纵梁结构已经开始发生塑性变形。

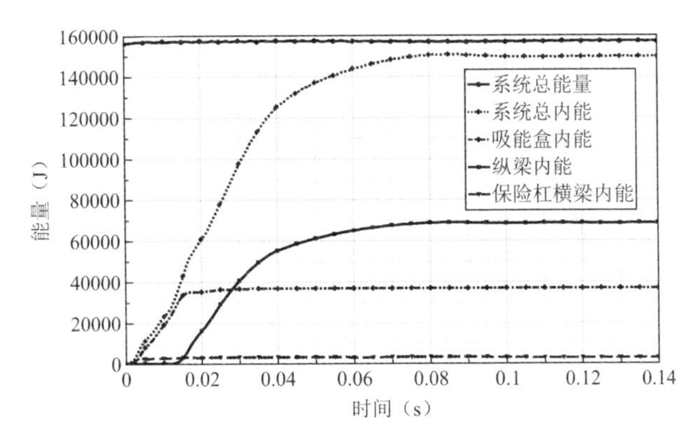

图 5-21　碰撞过程中车身前端结构的内能变化曲线

表 5-8 列出了碰撞过程中的系统内能最大时刻（0.084s）车身前端各结构的内能，这些内能可以反映在整个碰撞过程中各结构通过自身塑性变形吸收碰撞能量的情况。通过对比可以看出，纵梁结构在碰撞过程中吸能最多为 68792J，其次是吸能盒为 36816J，最后是保险杠横梁吸能为 3136J。图 5-22 所示为系统内能最大时刻（0.084s）各部件的吸能比例分布，从图中可以看出，纵梁结构吸收了碰撞总能量的 43.7%，吸能盒吸结构收了碰撞总能量的 23.4%，保险杠横梁吸收了碰撞总内能的 2.0%。值得注意的是，这些结构一共吸收了系统碰撞总内能的 72.1%、系统碰撞总能量的 69.1%。可见，保险杠横梁、吸能盒和纵梁是前端系统正面碰撞的主要吸能结构。但是，相关文献显示在正面碰撞中，车身前端结构（主要指保险杠横梁、吸能盒和纵梁）在碰撞过程中吸收的总能量应该超过碰撞总能量的 70%，其中纵梁吸收的碰撞能量应超过碰撞总能量的 50%，吸能盒结构通过轴向压溃变形吸收碰撞总能量的 20% 以上，所以这些结构的吸能特性还有进一步提升的空间。

系统内能最大时各部件能量统计　　表 5-8

名称	能量值（J）
总能量	157557
总内能	150733
保险杠横梁内能	3136
吸能盒内能	36816
纵梁内能	68792
其他	48813

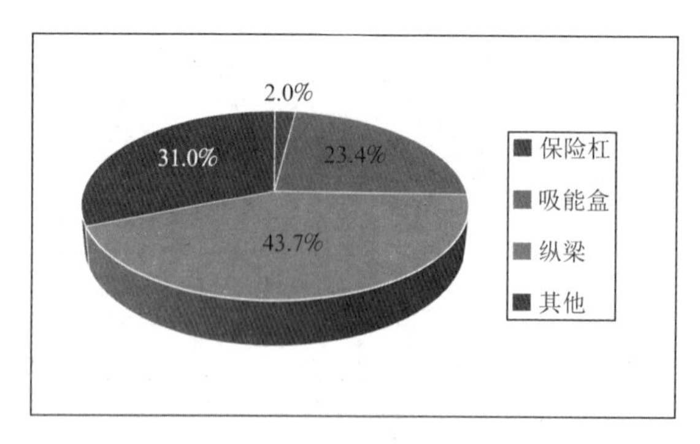

图 5-22　内能最大时部件的吸能比例

2）变形过程分析

大变形、大转动是碰撞过程的典型特点，通过对正面碰撞有限元仿真结果进行分析，考查前端系统正面碰撞过程中的整体变形状态和局部关键结构的变形模式，探究结构在碰撞过程中存在的不合理变形行为以及导致这些行为的结构原因，为进一步开展关键结构优化设计奠定基础。在汽车发生正面碰撞时，首先直接参与撞击区域为车身前端结构，包括保险杠横梁、吸能盒和纵梁结构。当变形量较大时，副车架、悬架系统、转向系统、上边梁和动力系统等也会参与碰撞，考虑到本书所研究的碰撞工况为 45km/h 的正面 100%碰撞，前端的结构整体变形量较更高车速的正面 100%碰撞和正面偏置碰撞小，故不对副车架、悬架系统、转向系统和动力系统等做研究。本书重点考查正面碰撞时车身前端被撞区域与主要受力结构，它们在碰撞过程中变形量较大。为详细分析正面碰撞过程中车身前端各结构的变形模式和碰撞能量吸收机理，下面将从结构变形的角度对整体及局部主要结构的变形情况进行详细分析。

表 5-9 为碰撞过程中模型整体和局部结构的动态变形过程，可以看出在 $t = 0.007$s 时，左、右吸能盒结构均出现明显叠缩变形情况；在$t = 0.028$s 时，明显可见纵梁结构前段出现轴向叠缩变形，后段弯曲变形明显；当$t = 0.035$s 时纵梁结构前端的轴向叠缩变形已经停止，后段已经完全出现弯折，这种过早出现的折弯变形不利于继续发挥纵梁前段的吸能作用和有效传递碰撞载荷的任务；$t = 0.084$s 时前端变形最大，纵梁已经完全弯折，形成多个塑性铰，前舱内的动力系统与防火墙发生碰撞。$t = 0.14$s 时碰撞已近结束，车身前端结构的变形量因为存在回弹，故部分结构的变形量要比 0.084s 时小。如图 5-18 所示的加

速度-时间历程曲线可以发现整个碰撞过程以最大碰撞力为界可以分为两个阶段，第一个阶段为0.027s之前，第二个阶段为0.027～0.14s之间。由表5-9可知，副车架大约在0.027s时与刚性墙发生碰撞。在此之前，主要是保险杠横梁、吸能盒和纵梁发生变形，在此之后，副车架也发生了变形且纵梁出现了严重的弯折变形，为方便分析分别称这两个阶段为第1阶段和第2阶段。

在第1阶段，前端系统只在保险杠横梁、吸能盒和纵梁等车身前端结构发生变形，副车架及其后方结构基本不变形。在这一阶段，保险杠横梁首先被完全压平，吸能盒与纵梁前段发生轴向渐进式叠缩变形。吸能盒上的波纹压痕和纵梁上的台阶结构均可以诱导结构发生轴向的渐进式叠缩变形，吸能盒大约在0.003s开始发生渐进式叠缩变形，纵梁在0.014s附近开始发生渐进式叠缩变形，使得碰撞加速度在这两个时间附近出现了峰值。总之，在这一阶段，碰撞能量完全是通过车身前端结构，即保险杠横梁、吸能盒和纵梁等结构的塑性变形吸收。其中，纵梁开始发生渐进式叠缩变形的时刻是这一阶段碰撞加速度出现峰值的时刻。通过观察表5-9中的纵梁结构的动态变形过程也印证了这一过程。

在第2个阶段，副车架也与刚性墙发生碰撞并构成另一条载荷传递路径，不过很快也开始发生弯折变形，且此时纵梁后段已经发生了明显的横向弯折变形，而纵梁前端截面较小的部分已经在第1阶段完全发生渐进式轴向叠缩变形，这些特点使得纵梁的载荷传递和吸能效果均出现明显下降。此外，由图5-19可知，第1阶段已经使得系统总动能消耗过半，所以第2阶段碰撞加速度出现明显减小。可见，在整个碰撞过程中，碰撞加速度较大的时刻出现在纵梁前段叠缩变形结束和副车架与刚性墙开始接触的瞬间，由于这两个时间点很接近，所以碰撞加速度的峰值载荷较大。

为详细分析主要碰撞载荷传递结构的变形过程，通过提取车身前端主要结构不同位置之间的相对位移量来描述结构的动态变形过程，如图5-23所示为保险杠横梁、吸能盒和纵梁结构变形量-时间历程曲线。值得注意的是，为了更为详细考查纵梁结构的局部动态变形过程，以纵梁结构的碰撞仿真测试点D_1和D_2（图5-14）为分界点将纵梁分为纵梁前段和后段，分别考查其局部动态变形过程。

前端系统正面碰撞过程中整体和局部结构动态变形过程　　表 5-9

时间（s）	变形过程	
	整体结构	局部结构
0.014	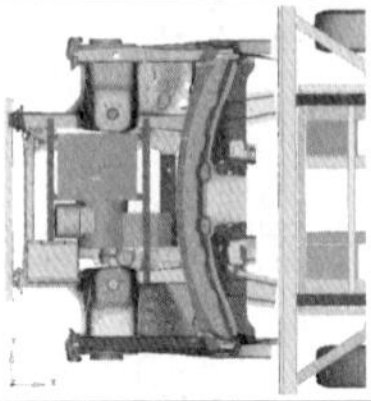	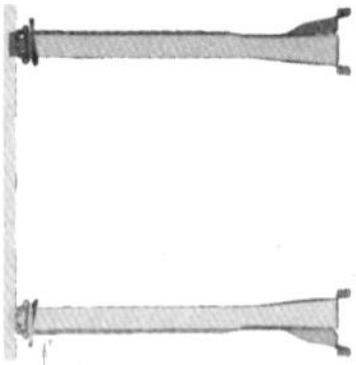
0.021	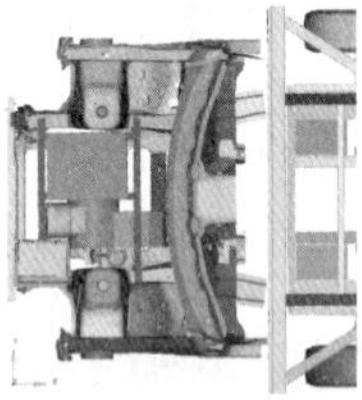	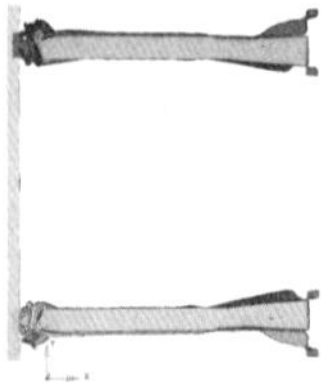
0.028	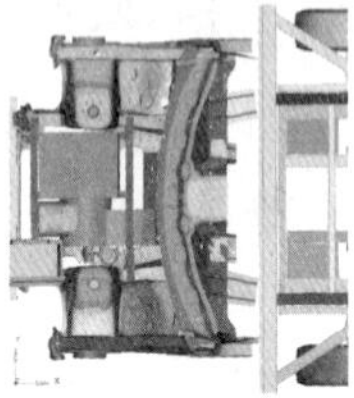	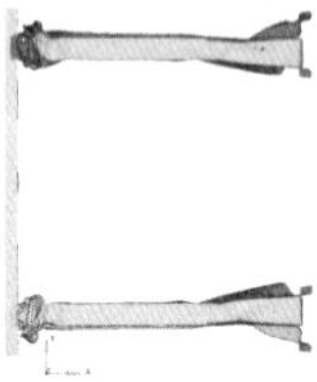
0.035	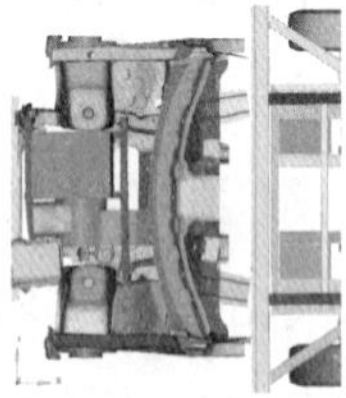	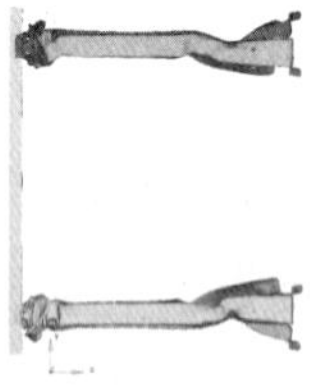
0.084	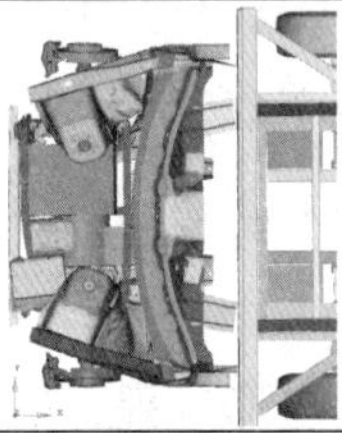	
0.14	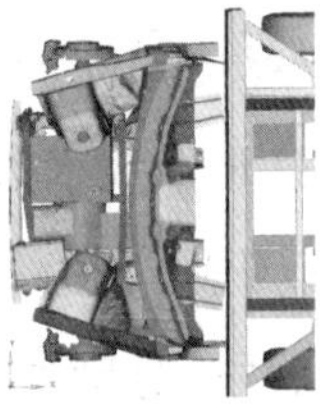	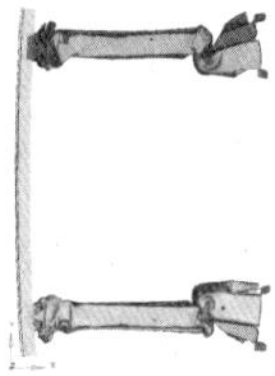

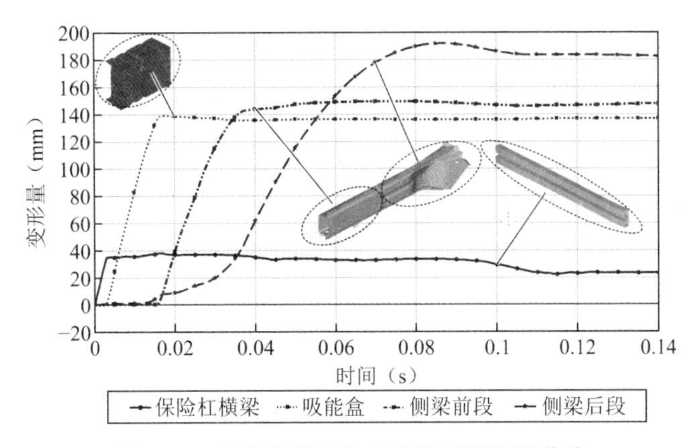

图 5-23 车身前端结构变形量-时间历程曲线

由图可以看出，保险杠横梁的主要变形发生在 0～0.003s 之间，是最先与刚性墙发生碰撞的结构，此后保险杠横梁的变形基本保持不变，直到 0.1s 时保险杠横梁的变形量开始出现明显减小，说明保险杠横梁出现回弹变形。这进一步印证了以上能量分析的结果同时也与动态变形图相符。吸能盒的变形主要发生在 0.003～0.016s 之间，即在保险杠横梁变形结束后吸能盒开始变形，在 0.016s 后吸能盒结构不再发生新的变形，这也与以上能量分析得出的结论一致。纵梁前段的变形时间段为 0.016～0.036s，纵梁后段的变形持续时间最长由 0.012s 开始直到 0.087s，之后在 0.087～0.14s 之间出现变形回弹。值得注意的是，在吸能盒结构变形即将结束和纵梁前段开始变形前（0.016s）纵梁后段已经发生明显变形，意味着纵梁后段在前段发生轴向叠缩变形前，甚至是吸能盒的变形结束前已经出现明显的塑性变形，反映出纵梁后段的刚度不足，这非常不利于发挥纵梁前段的吸能特性和实现碰撞载荷的有效传递。此外，从动态变形图（表 5-9）中也可以发现从 0.028s 开始，纵梁后段出现明显的弯折变形，此时纵梁前段正在发生轴向的叠缩变形，进一步印证了以上分析。综上所述，从变形的角度分析，纵梁后段发生过早的弯折变形可能是导致纵梁结构吸能不佳、传递碰撞载荷不畅的主要原因，也是导致该纯电动汽车前端系统正面碰撞安全性不佳的主要原因。

纵梁结构主要承担中高速碰撞时吸收碰撞能量和传递碰撞载荷的功能，但纵梁结构尤其是其后段过早出现弯曲变形则不利于吸收碰撞能量、传递碰撞载荷。通过以上的结构变形过程分析发现，纵梁的后段在碰撞过程中过早出现弯折变形，导致其载荷传递能力明显下降，不利于吸能盒和纵梁前段通过轴向渐进式叠缩变形吸收碰撞能量。通过仔细观察图 5-7 和图 5-24 所示的纵梁结构可以发现，纵梁由内板和外板组成，全长 1.8m，属于梁状中空结构，内部除用于增强螺纹连接孔强度的局部加强小板外没有设计用于增强纵梁整体刚度的加强板，由于这部分结构对总体刚度贡献十分有限，在建模时已经直接删除。此外，内板的前端设计有一个凸台，可以诱导纵梁在碰撞过程中最先在凸台前出现轴向渐进式叠缩变形，这有利于提高纵梁的吸能能力，控制纵梁轴向变形量。在内板和外板的中间位置均冲压形成 200mm × 40mm 的加强筋，用于防止纵梁过早出现弯折变形，有利于纵梁可靠地传递碰撞载荷。值得注意的是，在设计时为了增加最大转向角，在纵梁后端设计了凹陷区。从动态变形图（表 5-9）可以看出，在碰撞过程中最早在该区域附近出现弯折变形，可以判断凹陷区是导致纵梁出现刚度不足并导致过早出现弯曲变形的主要原因，也是需要对纵梁结构进行重点加强的区域。

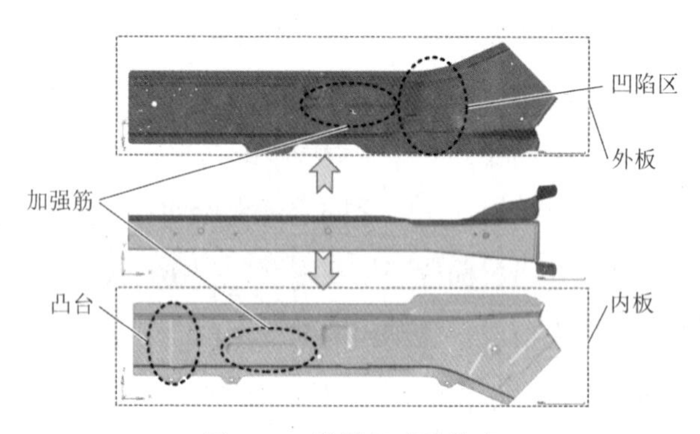

图 5-24　纵梁组成及特点

3）碰撞刚度分析

碰撞刚度是指将整个碰撞过程中的碰撞力-变形量（碰撞位移）曲线的斜率，反映了整个碰撞过程中结构的刚度变化情况，有助于设计人员分析碰撞过程和发现碰撞过程中的薄弱环节。为保证碰撞安全性，车辆前端的碰撞刚度总体要求如下：①不能有“刚度间隙”，即在整个碰撞过程中不能出现空载行程，产生“刚度短板”，造成载荷传递能力下降、吸能效果不佳。这就要求在整个碰撞过程中，结构尽可能地通过轴向渐进式叠缩变形的方式吸收碰撞能量，而不是通过低效的弯折变形来吸收能量。②在碰撞刚度匹配上总体要求按从前到后的顺序依次递增，即乘员舱的刚度要大于纵梁的刚度，纵梁的刚度要大于吸能盒的刚度，纵梁后段的刚度要大于纵梁前段的刚度等。在近似计算中，有时假设碰撞力与变形量呈线性关系，即刚度为恒定值。③由于碰撞刚度与碰撞加速度直接相关，要求前端碰撞刚度要与整车质量相匹配，避免出现大的碰撞加速度峰值，造成乘员损伤。

图 5-25 所示为前端系统正面碰撞过程中的碰撞力-变形量曲线。从图中可以清晰看出，起始的OA段的斜率偏小。由图 5-26 可知OA段对应的时间段为0～0.003s，由图 5-23 可知该时间段发生变形的主要是保险杠横梁，由于保险杠横梁发生的是横向弯曲变形（表 5-9 中的整体和局部的动态变形图也印证了这一结果），所以OA段的碰撞刚度可以近似认为保险杠横梁的弯曲刚度。保险杠横梁的弯曲刚度低有利于在正面碰撞中保护行人。通过同样的分析方法可知，AB、BC和CD段的刚度波动为吸能盒发生轴向渐进式叠缩变形过程，其中AB段的负刚度是由于吸能盒在诱导结构的引导下发生轴向叠缩变形的过程，当吸能盒开始发生轴向叠缩变形时碰撞力会有明显下降；BC段是吸能盒结构发生轴向渐进式叠缩变形的过程，这个过程中系统的碰撞力在小幅波动增加，反映吸能盒的碰撞刚度较小，该段的刚度特性与吸能盒的诱导结构设置有关；CD段为吸能盒发生轴向叠缩变形的最后一个阶段，随着吸能盒结构的褶皱逐渐被压实，系统碰撞力迅速增大，前端结构的碰撞刚度明显增大。

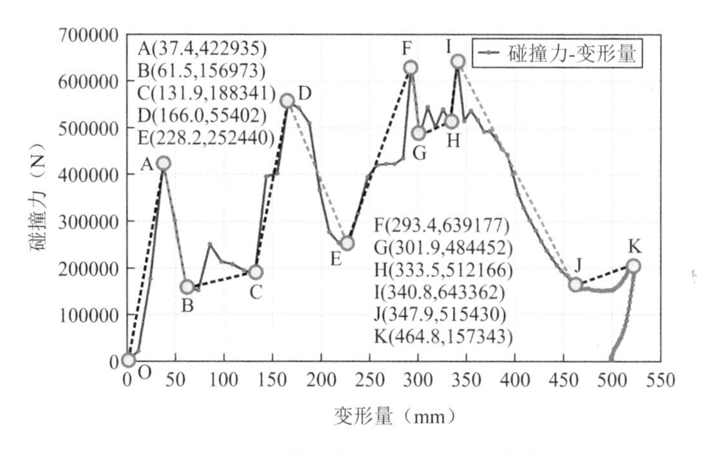

图 5-25　前端系统碰撞力-变形量曲线

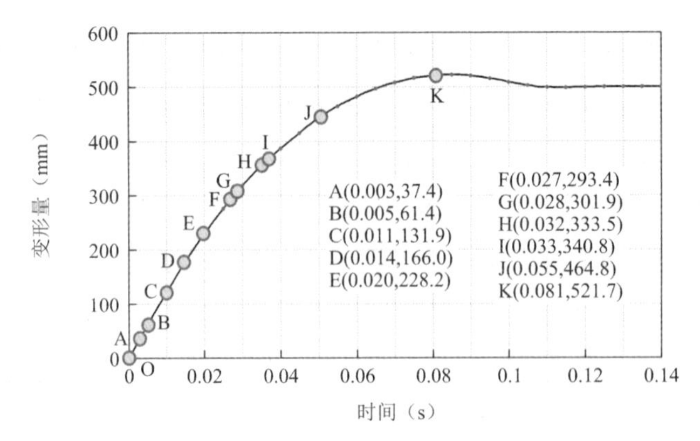

图 5-26　前端系统变形量-时间历程曲线

通过观察图 5-27 的吸能盒结构及特点可以看出，吸能盒结构的表面设置 6 条诱导槽，诱导吸能盒结构发生轴向叠缩变形，这种结构的特点是有利于控制吸能盒结构的变形模式、降低初始峰值碰撞力，但如果设置不合理会导致吸能盒结构轴向承载能力过度下降、吸能效果变差。DE段为吸能盒结构完全被压缩后纵梁结构开始变形，具体而言是纵梁的后段先发生弯曲变形，然后前段开始发生轴向渐进式叠缩变形，此时碰撞力迅速下降，出现“刚度间隙”，然而随着纵梁前段（小截面部分）变形结束，碰撞力将再次增大，刚度将出现再次增加。在纵梁的刚度增加的基础上，在F点系统碰撞力达到了一个较大的值。由图 5-26 可知F点对应的时间段为 0.027s 附近，通过查阅表 5-9 整体结构和局部结构变形过程图，可以发现该段时间出现了副车架与刚性墙碰撞，这意味着EF段出现的刚度突增一方面是由于纵梁前段（小截面部分）变形结束导致碰撞刚度增加，与此同时副车架与刚性墙发生碰撞形成了另一条路径，导致碰撞刚度进一步增加。随着，副车架与刚性墙发生碰撞并产生弯曲变形，碰撞力出现了小幅的波动增长，并最终在I点达到最大值 643362N。然而，随着纵梁后段的横向弯折增大，副车架也出现弯折变形，导致前端系统的整体碰撞力迅速下降，出现明显的负刚度，形成严重的刚度间隙（对应图 5-25 中的IJ段）。当纵梁后段和副车架均出现大角度弯折变形后，前端系统

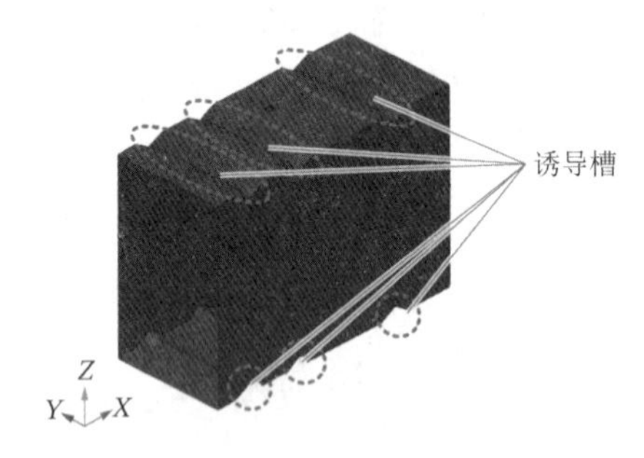

图 5-27　吸能盒结构及特点

的整体碰撞力不再增加，直到前舱内的动力系统与防火墙接触并形成第三条载荷传递路径，碰撞力又开始出现小幅增加直到整个碰撞过程结束，形成图 5-25 中的JK段。

4）前端系统的轻量化和耐撞性指标提取

耐撞性是评价汽车安全性能的重要指标，为便于量化评估结构的耐撞性和轻量化水平，基于前系统正面碰撞有限元仿真结果提取了结构耐撞性和轻量化评价指标，如表 5-10 所示，同时这些指标还用于后续优化结果对比和优化效果评价。

前端系统正面碰撞耐撞性和轻量化指标　　表 5-10

指标体系	指标（单位）	数值
轻量化指标	质量（kg）	2000
耐撞性指标	总吸能（J）	150733
	最大碰撞力（N）	643362
	最大变形量（mm）	522.51
	比吸能（J/kg）	75.36
	平均碰撞力（N）	288479
	碰撞力效率	44.84%

由表 5-10 可以看出，本书所研究的某纯电动汽车前端系统正面碰撞模型的总吸能量为 150733J，总质量为 2000kg，最大碰撞力为 643362N，前端最大变形量为 522.51mm，比吸能为 75.36J/kg，平均碰撞力为 288497N，碰撞力效率为 44.84%，与同类型车辆相比，该车的质量较大，耐撞性还有待提升，尤其是最大变形量明显偏大，并出现前舱内的动力系统与乘员舱碰撞及挤压乘员舱的现象。此外，碰撞力效率也有进一步提升的空间。综上所述，本书所研究的纯电动汽车前端系统在正面碰撞工况下整体变形量大、局部结构变形模式不合理，且与同类型燃油车辆相比整车质量较大，车身前端结构刚度不足、匹配不佳、吸能不充分是导致整体碰撞安全性不佳的主要原因，具体分析如下：

（1）从整体上分析车身前端结构的碰撞刚度不足和刚度匹配不合理是导致整车安全性不佳的直接原因。碰撞结果显示前端整体变形严重、变形量大，说明前端结构的整体刚度不足；有限元碰撞仿真的动态过程显示，纵梁后段先

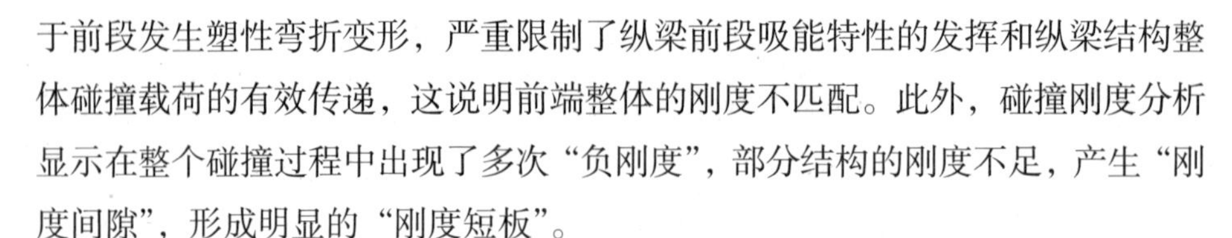

于前段发生塑性弯折变形，严重限制了纵梁前段吸能特性的发挥和纵梁结构整体碰撞载荷的有效传递，这说明前端整体的刚度不匹配。此外，碰撞刚度分析显示在整个碰撞过程中出现了多次“负刚度”，部分结构的刚度不足，产生“刚度间隙”，形成明显的“刚度短板”。

（2）从局部分析，车身前端局部结构的吸能不充分、碰撞载荷传递不顺畅是导致整车碰撞安全性不佳的关键原因。通过对前端结构进行能量分析发现，吸能盒结构和纵梁的整体吸能较文献中统计的整体水平偏低，导致碰撞能量没有被充分吸收而传向乘员舱和台车结构引起较大的侵入量和加速度。通过对比保险杠横梁、吸能盒、纵梁前段和纵梁后段的变形量-时间历程曲线发现，纵梁后段在前段开始发生轴向渐进式叠缩变形之前已经出现弯折变形，这直接影响纵梁前段继续通过轴向渐进式叠缩变形吸收碰撞能量，同时削弱了纵梁结构的整体载荷传递能力。此外，从碰撞刚度的角度分析，吸能盒和纵梁结构的碰撞刚度不足，没有很好地发挥吸能效果和整体碰撞载荷传递功能，导致整体变形过大、严重威胁车内乘员安全。通过以上的结构分析也发现，吸能盒和纵梁结构是影响正面碰撞安全性的关键部件，且存在明显的结构问题和较大的耐撞性提升空间。因此，接下来将对吸能盒和纵梁结构进行优化，以改善前端结构的载荷传递和能量吸收能力，提高前端结构的耐撞性和前端系统的正面碰撞安全性。

5.2 前端系统关键结构碰撞拓扑优化

基于上一节对前端系统正面碰撞安全性的分析可知，本书所研究的纯电动汽车在正面碰撞工况下安全性表现不佳，车身前端结构的耐撞性有待进一步提升。同时，基于所建立的有限元模型从整体和局部层面分别对整车和局部的变形特性、吸能特性和碰撞刚度特性等方面进行了详细分析。结果表明，从总体上看车身前端结构的刚度不足和匹配不佳是导致正面碰撞工况下车身前端变形严重、碰撞安全性不佳的根本原因；从局部来看，吸能盒结构碰撞刚度不足、吸能不充分，纵梁结构后段的刚度不足导致过早出现弯折变形，严重限制了纵梁结构前段吸能特性和纵梁结构整体碰撞载荷传递能力的发挥。因此，非常有必要在兼顾结构轻量化要求的前提下，通过开展该车身前端结构碰撞拓扑优化设计来提高车身前端结构的碰撞刚度、改善结构耐撞性。

车身结构碰撞拓扑优化可以从车身总成整体出发，也可以从车身零部件水平开展。前者以车身整体为设计空间通过拓扑优化寻求碰撞载荷的最佳传递路径，这种方法适用于新车概念设计阶段，受实际条件的制约较少，设计的灵活性更大，但需要经过详细设计阶段才可以应用；后者以车身局部结构为研究对象，在保持其他结构不变的前提下，综合考虑实际工况和装配条件及改装成本确定设计空间和优化约束，该方法适用于在现有车型基础上进行改进设计。

由于本书所研究的前端系统十分复杂，且考虑到企业要在现有样车基础上进行改进设计的诉求，这里仅对涉及正面碰撞安全性的关键结构（吸能盒和纵梁结构）进行优化。因此，本节将综合本书所提出的降阶等效静态载荷和等效线性静态载荷计算方法，并将其应用于车身前端关键结构碰撞拓扑优化，在兼顾结构轻量化要求的前提下提高车身前端结构的碰撞刚度、改善结构耐撞性。首先，通过碰撞拓扑优化重新设计吸能盒的诱导结构，在考虑结构轻量化的前提下改善吸能盒结构的耐撞性。然后，在此基础上通过碰撞拓扑优化为纵梁设计既能加强其后段刚度，又能改善其前段吸能效果的纵梁内置加强板结构，以最大限度改善结构的耐撞性，从而提高整车的正面碰撞安全性。这样不仅可以实现在现有车型基础上对车辆进行改进设计，达到降低企业开发成本的目的，而且还可以大大减小碰撞拓扑优化的成本，有效提高设计效率。下面将结合以上工程应用背景,综合两种方法对结构碰撞拓扑优化的相关理论进行具体介绍。

（1）优化模型。

假设在第k个循环的关键时间点位t_c，目标函数定义为不同时刻等效静态载荷工况下的结构柔度加权和，则具体优化问题可以表示为：

$$\text{find: } b \in R^n \tag{5-1}$$

$$\text{to min:} \sum_c l_k w_c X_{\mathrm{B}}(L_c) F_{\mathrm{req}}(L_c),\ \ c = 1, \cdots, q \tag{5-2}$$

$$\text{subject to: } K(b)X(L_c) = l_k F_{\mathrm{req}}(L_c) \tag{5-3}$$

$$v^T b \leqslant f_v V \tag{5-4}$$

$$0.0 < b_{\min} \leqslant b_j \leqslant 1.0,\ \ j = 1, \cdots, n \tag{5-5}$$

式中：$b \in R^n$——拓扑设计变量向量；

b_j——第j个单元的伪密度；

$b_{\min}$——防止优化过程中出现数值奇异问题而定义的单元密度下限；

w_c——第c个等效静态载荷工况的加权系数；

l_k——第k个循环的位移缩放因子；

v——单元体积向量；

f_v——给定体积分数；

V——整个设计区域的体积。

（2）优化流程。

如图 5-28 所示为综合两种改进等效静态载荷进行结构碰撞拓扑优化的流程，整个优化过程主要分为非线性碰撞动力学碰撞分析、降阶等效线性静态载荷计算、线性静态拓扑优化和模型更新等过程，具体优化流程如下：

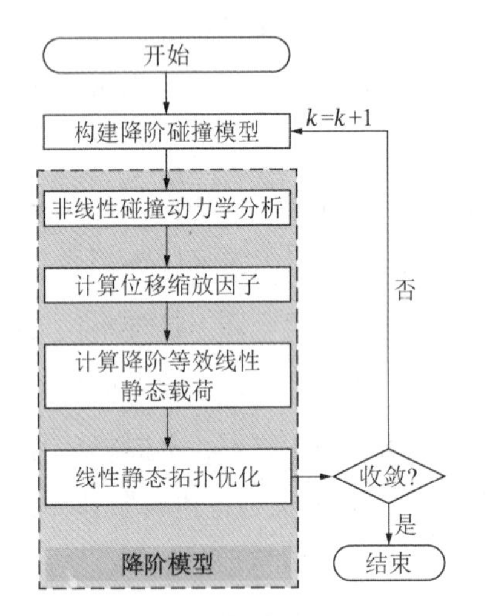

图 5-28　综合两种改进等效静态载荷的结构碰撞拓扑优化流程

第 1 步：构建降阶碰撞模型；

定义拓扑优化问题，初始化预先定义的参数，如设计区域的体积分数、收敛系数等。

第 2 步：进行非线性碰撞动力学分析；

根据具体问题的特点建立全阶或者降阶碰撞分析模型（如在吸能盒碰撞拓扑优化中采用降阶模型，而在纵梁加强板结构碰撞拓扑优化中采用全阶碰撞分析模型），利用显式有限元软件 LS-DYNA 对碰撞模型进行分析，得到相应的能量和节点位移响应，并选择内能最大的时间点作为关键时间点。

第 3 步：计算位移缩放因子；

在关键时间点t_j，基于能量原理运用式(4-3)计算位移缩放因子l_k。

第 4 步：计算降阶等效线性静态载荷；

在关键时间点t_j，利用式(3-44)计算相应降阶等效线性静态载荷。

第 5 步：进行线性静态载荷下的结构拓扑优化；

使用 OPTISTRUCT 执行式(5-1)～式(5-5)的线性静态拓扑优化模型。值得注意的是，在执行拓扑优化时通常对非设计空间进行模型降阶，并以超单元的形式耦合到拓扑优化中，避免了重复生成和提取刚度矩阵，提高了拓扑优化效率。

第 6 步：检查收敛性；

收敛性检查过程与 3.4 节完全相同，这里不再赘述。

5.2.1　吸能盒结构碰撞拓扑优化

汽车在发生正面碰撞时，前端吸能盒结构通过轴向压溃变形吸收碰撞能量的 20%以上。实际碰撞过程中，由于碰撞工况的复杂性可能导致吸能盒在正面碰撞中出现低效的弯折变形模式，因为这种变形模式提供了最短的能量传递途径，所以在碰撞中很容易发生。因此，在吸能盒结构设计时必须通过精心设计的诱导结构引导吸能盒结构在碰撞工况下发生轴向渐进式叠缩变形，否则吸能盒的碰撞变形过程会采用最短的传能途径，即弯折变形模式。然而，影响渐进式叠缩变形模式的因素非常复杂，且吸能盒的变形过程是一个包含大变形几何非线性、材料非线性和接触非线性的典型非线性动力学响应过程，目前仍是研究的难点。因此，目前鲜有针对吸能盒诱导结构的优化设计方法，尤其是在完全碰撞工况下针对诱导结构进行拓扑优化设计的方法。吸能盒的诱导结构主要分为诱导槽和诱导孔，从吸能的角度分析两种类型的诱导结构对结构的吸能影响不大，但是诱导孔可以在保证结构原始的力学性能的前提下减轻结构的质量。本节将综合应用本书所提出的两种基于改进等效载荷的结构碰撞拓扑优化法对吸能盒诱导结构进行碰撞拓扑优化设计。

为提高拓扑优化效率，对吸能盒和纵梁结构进行了适当的简化，将原模型中［图 5-29a）］吸能盒表面的冲压诱导槽及其与纵梁之间的连接板删除，将吸能盒与纵梁通过节点融合的方式连接，并保证在碰撞工况下与其他结构连接方式不变，得到如图 5-29b）所示的简化后的吸能盒拓扑优化模型。在该拓扑优化模型中，仅将纵梁作为设计空间，非设计空间在拓扑优化中经有限元模型降阶后视为超单元，这样既可以节省拓扑优化所需的计算资源，又可以提高优化效率。值得注意的是，为防止在对吸能盒结构进行碰撞拓扑优化过程中由于纵梁结构出现弯折变形而导致优化结果异常，将吸能盒结构（设计区域）的厚度由原来的 3.0mm 减小为 2.8mm。如图 5-29b）所示，在吸能盒拓扑优化设计中，以单元密度为设计变量、柔度最小为目标函数、体积分数不大于 0.8 为约束条件建立拓扑优化模型。

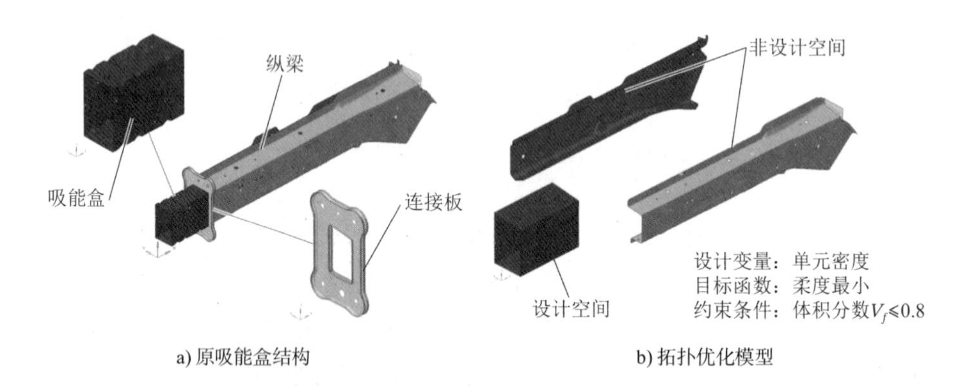

图 5-29　吸能盒结构碰撞拓扑优化模型

如图 5-30 所示为吸能盒结构碰撞拓扑优化中各循环的目标函数迭代历程，目标函数经过 7 次外部循环收敛到了一个相对稳定的水平，且目标函数的收敛值与初始值相当，说明经过拓扑优化过程中材料的重新分配，结构的刚度基本没有下降。另外，通过观察拓扑结构的演变过程可以发现，孔型诱导结构的位置基本都布置在吸能盒的棱角附近，这有利于降低碰撞过程的碰撞力峰值，诱导结构发生高效的渐进式叠缩变形。

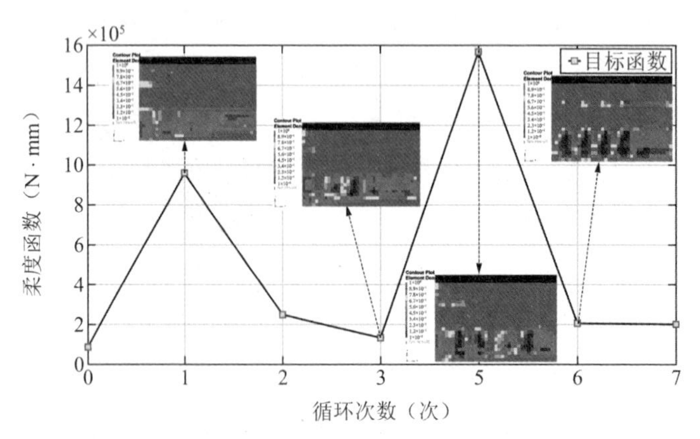

图 5-30　吸能盒结构碰撞拓扑优化目标函数迭代历程

如图 5-31 为碰撞拓扑优化的结果及经过工程诠释和工艺修正后得到的新吸能盒结构，由薄壁结构的轴向压溃原理可知，最初的变形模式能够很好地引导结构后期的变形模式，所以在吸能盒结构的后端基本没有诱导孔出现或者诱导孔的面积很小，这有利于增强吸能盒的能量吸收能力和吸能的稳定性。

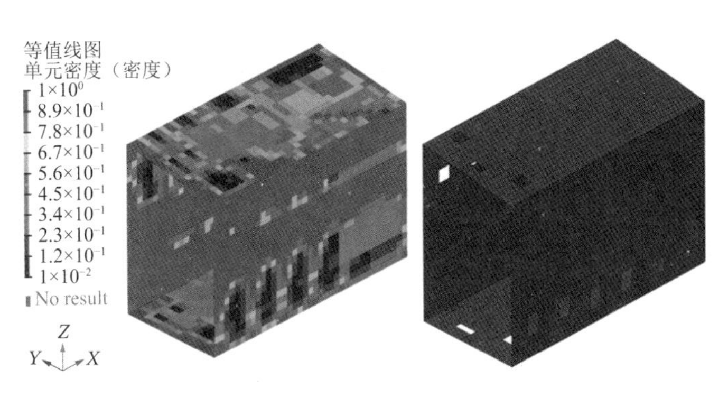

图 5-31　吸能盒结构碰撞拓扑优化结果

表 5-11 为新吸能盒结构与原吸能盒结构的对比，可以看出新吸能盒结构与原吸能盒结构相比不仅诱导结构由原来的诱导槽结构变为诱导孔结构，而且厚度由原来的 3.0mm 减薄为现在的 2.8mm（减少 6.7%），质量由原来的 1.759kg 减少为 1.583kg，实现减重 10%。

新吸能盒结构与原吸能盒对比　　表 5-11

项目	原结构	新结构	变化率
拓扑结构			—
厚度（mm）	3.0	2.8	−6.7%
质量（kg）	1.759	1.583	−10.0%

如图 5-32 所示为装配后的新吸能盒结构，该结构仅在原结构的基础上对吸能盒结构进行了替换，符合吸能盒结构便于拆装的设计要求，充分保留了原结

构的一致性，降低了企业改装成本。

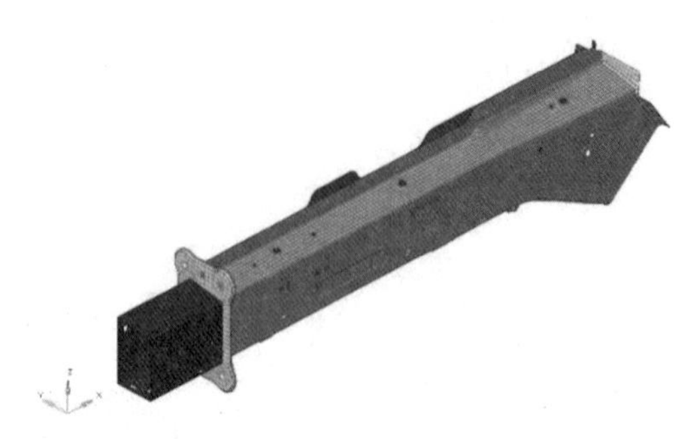

图 5-32　新吸能盒结构

5.2.2　纵梁结构碰撞拓扑优化

纵梁结构不同于吸能盒结构，从结构的设计上就不允许对其进行更换，因此为降低企业成本，本书将在不改变原结构拓扑形式的基础上提升纵梁结构的性能。考虑到纵梁结构的主要问题是由于其后段刚度不足，导致在碰撞过程中出现明显的过早弯折变形，非常不利于有效传递碰撞载荷和高效发挥吸能盒与纵梁前段结构的吸能特性，以及鉴于该车的纵梁结构由纵梁内板和外板组成，并未配备加强结构（图 5-24），决定在原结构的基础上通过增设内置的加强板结构来优化纵梁结构的性能，这样既可以避免对纵梁结构进行重新设计，又可以解决纵梁结构与其他结构的连接问题，降低了企业的结构改进成本。然而，增设内置的加强板势必会增加结构质量，如何设计加强板才能保证在不显著增加质量的前提下既可以增加纵梁后段的结构刚度，又能保证纵梁前段在碰撞过程中从前到后依次发生渐进式叠缩变形是摆在工程师面前的关键问题。本节将在集成新吸能盒的纵梁结构基础上（图 5-32），综合利用本书所提出结构碰撞拓扑优化设计方法对纵梁结构的内置加强板进行优化设计，在不显著增加质量和成本的前提下设计出满足要求的加强板结构。

如图 5-33 所示为纵梁加强板结构的拓扑优化模型，为提高计算效率在建立拓扑优化模型时将内置加强板作为拓扑优化的设计空间，其他结构作为非设计区域在拓扑优化中不作任何改动，故在内层迭代中对非设计区域进行模型降阶，以降低拓扑优化的计算成本、提高优化效率。同时，由于在拓扑优化中将非设计区域视为超单元，避免了由于反复提取该部分结构的刚度矩阵而消耗计算资源。值得强调的是，为了充分发挥加强板结构对纵梁变形模式的诱导作用和兼顾结构的轻量化要求，加强板选用厚度为 3mm 的钢板，并将原纵梁内板和外板的厚度减小为 2.0mm。

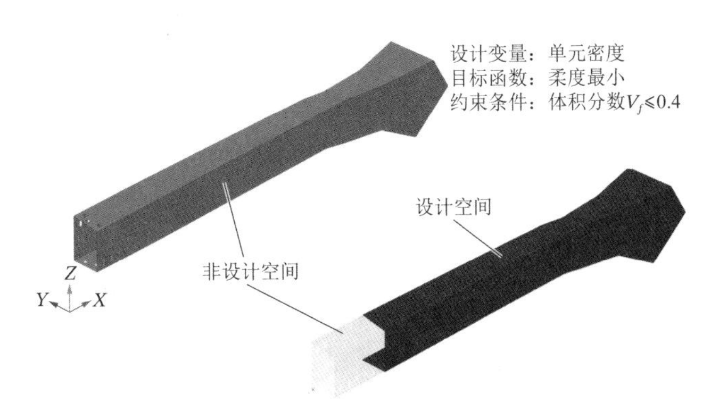

图 5-33　纵梁加强板结构拓扑优化模型

拓扑优化模型以单元密度为设计变量，加权柔度和最小为目标函数，体积分数不大于 0.4 为约束函数，具体优化数学模型与式(5-1)～式(5-5)相同，优化流程也与图 5-28 相同，这里不再赘述。

如图 5-34 所示为加强板结构拓扑优化目标函数迭代历程曲线和结构拓扑演化过程，从图中可以看出，目标函数经过 13 次循环最终收敛到一个相对稳定的水平，且目标函数的最优值较初值有明显的下降。此外，结构拓扑演化过程显示，结构拓扑变化明显，边界清晰，没有出现明显的振荡现象。

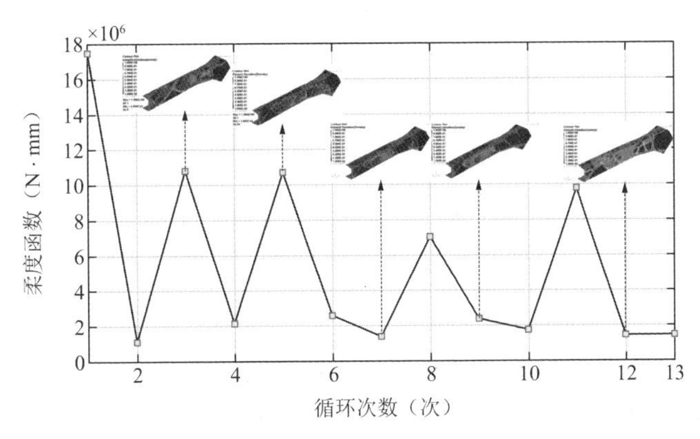

图 5-34　纵梁加强板结构拓扑优化目标函数迭代历程

如图 5-35 为加强板结构拓扑优化结果（密度在 0.3～1.0 之间），由图可以看出拓扑优化结果中出现明显的镂空区域，但在主要传力方向上保留了高密度材料，有利于实现碰撞载荷的传递和结构轻量化。图 5-36 为纵梁内置加强板所取的最优拓扑结构，该结构是在图 5-35 的基础上通过导出和重新进行网格划分得到的。

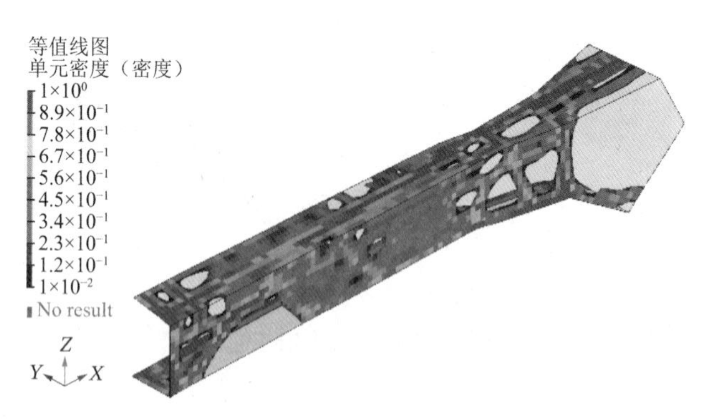

图 5-35　密度在 0.3～1.0 之间的拓扑优化结果

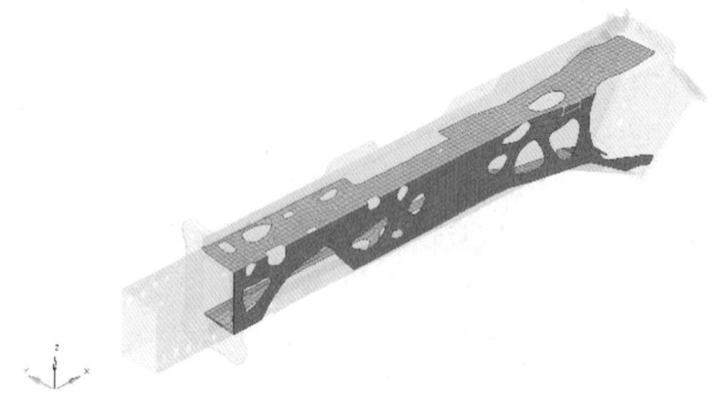

图 5-36　纵梁内置加强板拓扑结构

表 5-12 对新纵梁结构和原纵梁结构的参数进行了对比，通过对增设内置纵梁加强板和对纵梁内、外板进行减薄处理，新纵梁结构的质量较原结构增加了 4.6kg，增幅为 22.4%。

通过利用新吸能盒结构替换原吸能盒结构并在原纵梁结构内部增设新设计的内置加强板结构得到新的吸能盒-纵梁结构总成如图 5-37 所示，该结构最大限度地保留了原结构的特点，仅需要在原结构的基础上更换新吸能盒结构并在原纵梁结构的内部加装加强板结构，降低了结构优化和改装成本。为进一步验证新吸能盒-纵梁结构总成的有效性和本书所提出的结构碰撞拓扑优化方法的工程应用价值，将新吸能盒-纵梁结构总成集成到原车身结构上，并进行相同工况下的碰撞分析以验证新模型的实际性能。

原纵梁结构和新纵梁结构参数对比　　　表 5-12

项目		原结构	新结构	变化率
拓扑结构		诱导槽 Z Y X	加强板 内板 外板 Z Y X	—
厚度（mm）	内板	2.5	2.0	−20%
	外板	2.5	2.0	−20%
	加强板	—	3.0	—
质量（kg）		20.56	25.16	22.4%

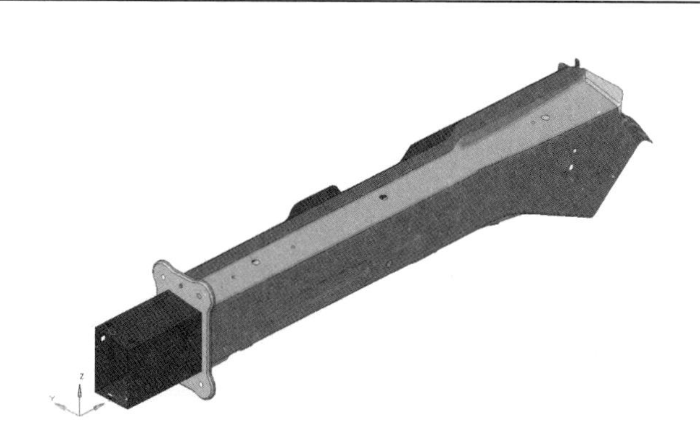

图 5-37　新吸能盒-纵梁结构总成

5.3　优化效果评价

本章 5.2 节对某纯电动汽车前端系统正面碰撞安全性进行了详细分析，确定了导致碰撞安全性不佳的关键部件是吸能盒和纵梁结构，并通过分析得知它们存在的主要问题是吸能盒诱导槽设计不合理导致碰撞刚度不足、吸能效果不佳和纵梁结构尤其是后段刚度不足导致其出现过早弯折变形，接着针对所确定的关键部件分别运用所提出的基于改进等效静态载荷的碰撞拓扑优化方法对吸能盒的诱导结构进行了重新设计，并在原纵梁结构的基础上设计了内置的加强板，得到新的吸能盒-纵梁结构总成。为进一步验证新吸能盒-纵梁结构总成的有效性和本书所提出的结构碰撞拓扑优化设计方法的工程应用价值，将新吸能盒-纵梁结构总集成到原车身前端结构上，形成优化后的前端系统正面碰撞仿真模型（简称优化后模型）。为全面评价优化后模型的碰撞安全性能和证明本书所提出的结构碰撞拓扑优化方法的工程应用价值，本节将在相同条件下对优化后模型再次进行碰撞仿真分析并与原模型进行对比。为便于对比，将原前端系统的正面碰撞有限元仿真模型［图 5-9a）］简称为优化前模型，下面将对优化前、后模型的整体碰撞安全性和关键结构变形吸能特性进行对比。

如图 5-38 为优化后的前端系统正面碰撞有限元仿真模型，通过在同样工况下对该模型进行碰撞仿真分析，提取耐撞性和轻量化指标，并与优化前模型对比验证得到优化设计方案的有效性和本书所提方法的工程应用价值。下面分别从变形、能量、加速度和碰撞刚度几个方面开展对比。

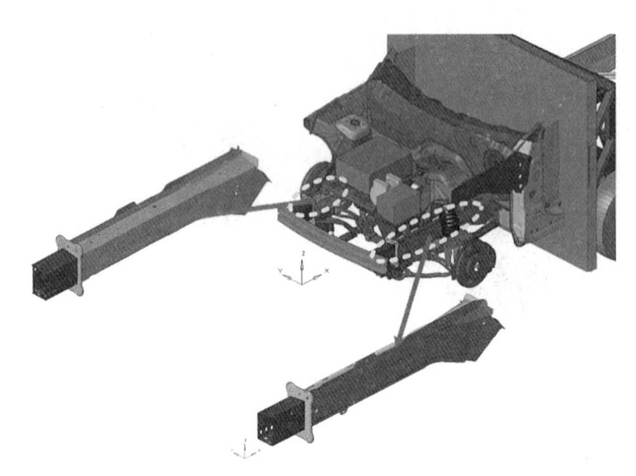

图 5-38　优化后的前端系统正面碰撞有限元仿真模型

（1）变形对比。

表 5-13 为优化前后前端系统正面碰撞动态变形图对比，通过对比可以发现，从整体变形看，前端的变形量和变形模式相似且左、右对称性良好，没有

出现异常的变形和相互穿透现象，但优化后模型的最终变形量较原模型明显减小。从局部看，碰撞结束后保险杠横梁的变形增大，尤其是两端与吸能盒连接的部位明显被压扁，吸能盒结构完全被压缩，纵梁前段出现轴向叠缩变形的部分明显增加，纵梁后段发生弯折变形的时间明显后移，这有利于发挥保险杠横梁、吸能盒和纵梁前段的吸能效果。原模型的纵梁结构在 0.028s 时便出现明显的变形，包括前段的轴向叠缩变形和后段的弯折变形，而新模型的纵梁结构在 0.042s 时前段才发生明显的轴向叠缩变形且后段没有出现明显的弯折变形，这说明，优化后纵梁后段的刚度明显增强，有效控制了后段结构出现过早弯折变形，同时有利于发挥纵梁前段、吸能盒和保险杠横梁的吸能作用。总之，从整体和局部变形来看，优化后模型的变形较优化前明显减小，尤其是纵梁后段的变形。此外，还可以发现在 0.049s 时优化后模型的纵梁结构开始出现塑性铰，与优化前模型的纵梁产生塑性铰的时间相比明显推后且没有出现大角度弯折变形，这不仅有利于发挥前面结构的吸能效果，而且在高速碰撞时有利于降低前舱内的动力系统的高度，避免动力系统侵入乘员生存空间造成损伤。

优化前后前端系统正面碰撞动态变形图对比　　表 5-13

时间（s）	整体变形		局部变形	
	优化前	优化后	优化前	优化后
0.007	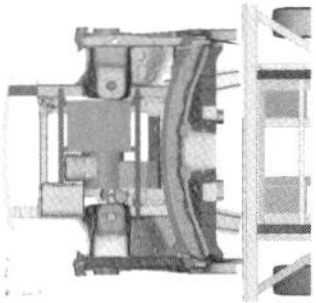		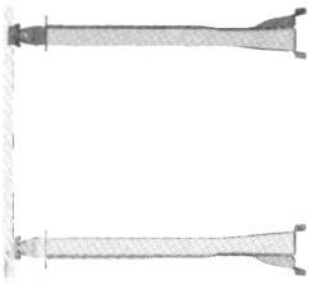	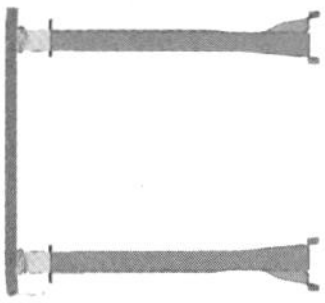
0.014	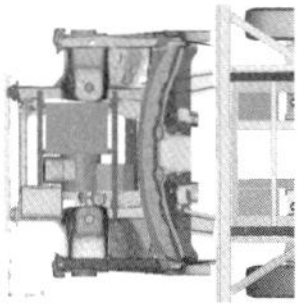	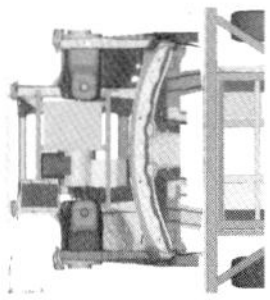	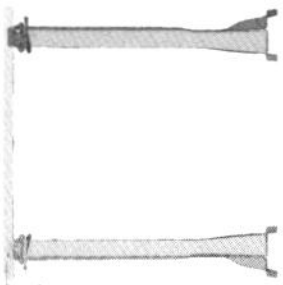	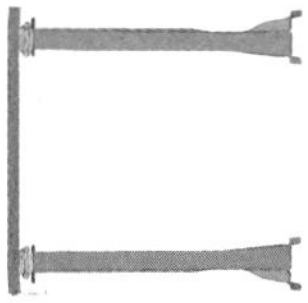
0.021	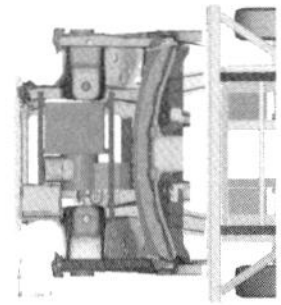		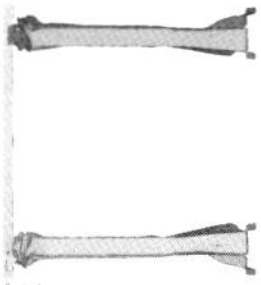	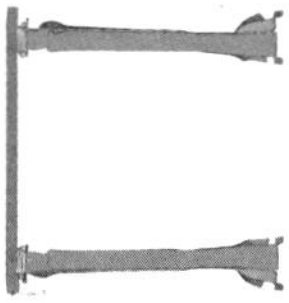

续上表

时间（s）	整体变形		局部变形	
	优化前	优化后	优化前	优化后
0.028				
0.042				
0.049				
0.070				
0.084				
0.091				
0.105				
0.140				

为准确比较优化前后关键结构的变形特点，提取了优化前后保险杠横梁、吸能盒、纵梁前段和纵梁后段的变形时间历程，如图 5-39 所示，图中虚线对应优化前的变形量，实线对应优化后的变形量。由图可以看出，保险杠横梁的变形起点和变形趋势基本一致，但最终变形（0.115s 后）较优化前增加了 9%，这意味着优化后保险杠横梁的塑性变形较优化前有所增大。优化前后吸能盒结构的变形起点和变形历程基本一致，但优化后模型中吸能盒的最大变形量由原来的 139.2mm 增加到 147.0mm，增幅为 5.6%，这与吸能盒结构的整体厚度变薄及采用孔型诱导结构有关，这意味着优化后吸能盒结构的有效作用距离更大。优化前后纵梁结构的变形量变化较大，纵梁前段优化后的变形起点与优化前基本一致，最大变形量由 149.5mm 增加到 166.6mm，增幅为 11.5%，这意味着优化后纵梁前端变形量更大，发挥作用更充分；对于纵梁后段而言，不仅发生明显变形的时间由优化前的 0.012s 附近变为 0.015s 附近，而且变形量由优化前的 192.0mm 减小为 72.4mm，减幅达 62.3%，这表明优化后的纵梁结构很好地抑制了过早弯折变形，使得纵梁后段的变形量明显减小。

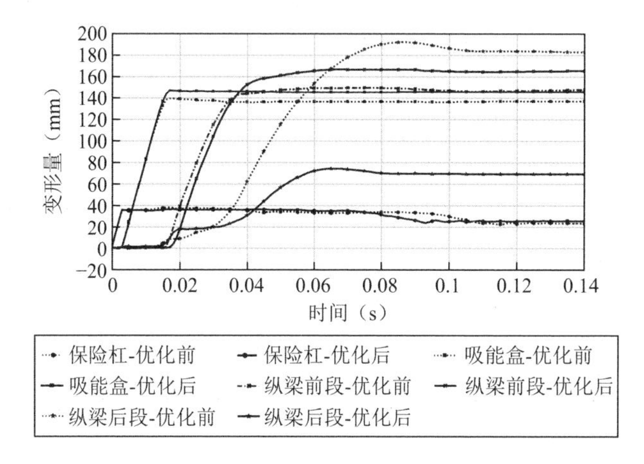

图 5-39　优化前后车身前端结构变形量-时间历程曲线比较

由 5.1.3 节的分析可知，原模型在正面碰撞发生 0.02s 后，纵梁结构就发生严重的弯折变形，由于纵梁过早出现弯折变形而无法保证其前面结构（保险杠横梁、吸能盒和纵梁前段）充分吸收碰撞能量且也无法向其后面的结构（A 柱和门槛梁）可靠地传递碰撞载荷。由表 5-13 可知，优化后模型的纵梁在 0.049s

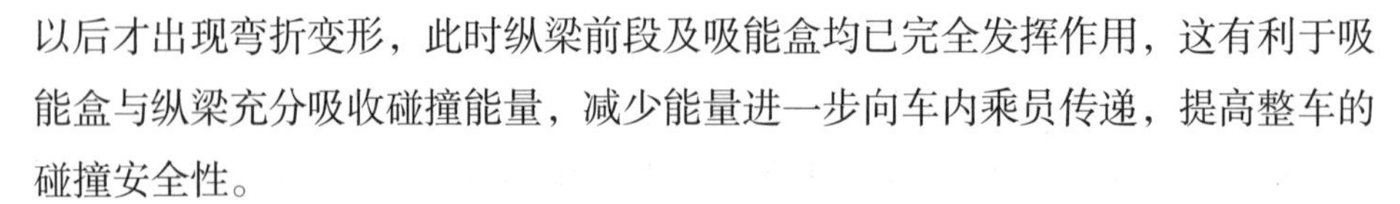

以后才出现弯折变形，此时纵梁前段及吸能盒均已完全发挥作用，这有利于吸能盒与纵梁充分吸收碰撞能量，减少能量进一步向车内乘员传递，提高整车的碰撞安全性。

（2）能量对比。

为便于对比优化前后前端关键部件的碰撞能量吸收特性，提取了优化前、后前端系统正面碰撞工况下的系统总能量、系统总内能和保险杠横梁、吸能盒和纵梁结构的内能变化时间历程如图 5-40 所示。

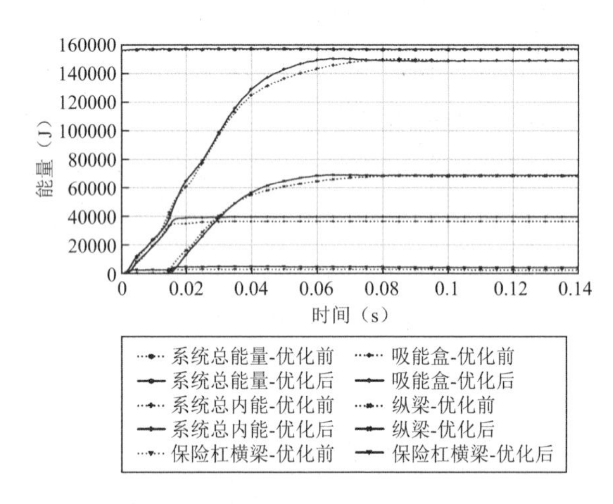

图 5-40　优化前后车身前端结构能量曲线比较

由图可以看出，总能量和总内能最大值基本没有发生变化，这也进一步说明了优化前后的碰撞模型和碰撞工况是一致的，微小变化主要来自优化前后模型的质量差和仿真误差。优化前后保险杠横梁的内能在 0.015s 前基本保持一致，这说明在此之前保险杠横梁的吸能过程没有发生变化，但在 0.015s 后优化后保险杠横梁的内能明显增加，这说明优化后的模型充分发挥了保险杠横梁的吸能能力。吸能盒结构在优化后整体内能明显提高，表明优化后的吸能盒结构具有更好的吸能特性。对于纵梁结构而言，内能增加的时间由优化前的 0.013s 变为优化后的 0.015s，这说明优化后纵梁结构的吸能起点出现后移，这意味着优化前模型中纵梁结构过早发生变形的问题得到了改善，这也印证了前面变形分析得到的结论。值得注意的是，优化后的纵梁结构整体吸能并未出现大幅增加，这与纵梁结构后段整体刚度增加、变形量减小和没有过早出现大角度弯折变形有关。

表5-14对优化前、后关键结构的最大内能进行了比较，可以看出保险杠横梁的最大吸能量由优化前的3136J增加到5028J，增幅为60.1%；吸能盒结构的最大吸能量由优化前的36816J增加至39941J，增幅为8.4%；纵梁的吸能量由优化前的68792J增加至69601J，增幅为1.2%；保险杠横梁、吸能盒和纵梁结构的总吸能量由优化前的108744J，增加到优化后的114570J，增幅为5.4%。

优化前、后关键结构的最大内能比较 表5-14

项目	优化前	优化后	变化率
碰撞总能量（J）	157557	158059	0.31%
碰撞总内能（J）	150733	150972	0.16%
保险杠横梁（J）	3136	5028	60.1%
吸能盒（J）	36816	39941	8.4%
纵梁（J）	68792	69601	1.2%
关键结构吸能总和（J）	108744	114570	5.4%
占碰撞总能量的比例	69.1%	72.5%	—

这使得在正面碰撞过程中保险杠横梁、吸能盒和纵梁结构的吸能作用发挥更加充分，这有利于提高纵梁结构碰撞载荷传递能力。此外，通过对比还发现，优化前保险杠横梁、吸能盒和纵梁结构的吸能总量占碰撞总能量的69.1%，优化后这一比例提高到72.5%，上浮3.4个百分点，这说明优化后车身前端结构的吸能量有所增加，提高了前端结构的耐撞性。

（3）加速度-时间历程对比。

车体碰撞加速是衡量汽车碰撞安全的重要指标，它决定了乘员在碰撞过程中的惯性载荷，是计算车内乘员损伤风险的重要依据。如图5-41所示为优化前后碰撞加速度时间历程曲线对比，由图可以看出优化前后加速度的整体变化趋势基本相似，但优化后前端系统的加速度在0.025～0.072s之间较原模型有所提升且变化较原模型平稳。按照碰撞波形分析的理论，尾段加速度保持较高的水平有利于减小乘员的相对速度。此外，从结构吸能效率的角度来讲，优化后的波形更接近矩形波，更有利于提高结构吸能效率，但要限制最大加速的水平。

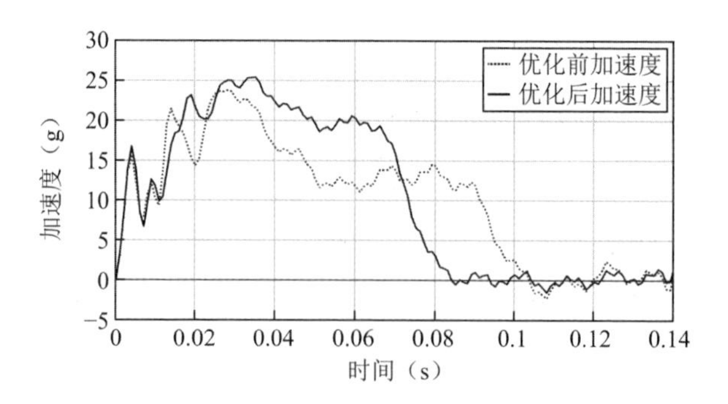

图 5-41　优化前后台车前端测试点碰撞加速度对比图

为便于对比，表 5-15 列出了优化前、后加速度初始峰值和最大值的比较。由表可以看出，优化前、后的初始峰值加速度均出现在 0.004s，幅值由 15.6g增加到 16.6g，增幅为 6.4%；优化前整个碰撞过程的最大加速度值出现在 0.028s，最大值为 23.6g，优化后模型的最大加速度值为 25.2g，出现在 0.034s，加速度幅值增加了 6.8%，但是最大加速度出现的时间也明显后移。这意味着优化后模型的初始峰值加速度基本维持原来的水平，而最大加速度较优化前略有提高，但仍然在可接受范围之内且其峰值出现的时间明显后移。

优化前、后碰撞加速度指标对比　　表 5-15

项目	优化前		优化后		幅值变化率
	时间（s）	幅值（g）	时间（s）	幅值（g）	
初始峰值加速度	0.04	15.6	0.04	16.6	6.4%
最大加速度	0.028	23.6	0.034	25.2	6.8%

（4）碰撞刚度对比。

如图 5-42 为优化前的模型碰撞力-变形量曲线对比，总体上看优化前后模型前端的碰撞力-变形量曲线变化趋势相似，初始峰值碰撞力基本重合，但中间段的差异比较大。一方面，优化后模型的碰撞力波动较小，且相较于优化前整体有所增大。另一方面，第二峰值力的幅值有所增加但出现的位置明显后移，这是由于吸能盒的有效压缩距离增大所导致的。此外，最大碰撞力出现的位置基本没有变化，但幅值有所增加。从前端变形量的角度分析，优化后模型的前端整体变形量有明显减小。从碰撞刚度的角度分析，优化后模型在BC_1、C_1D_1

和E_1F_1段的碰撞刚度分别较优化前的BC、CD和EF均有所增加且优化后模型的碰撞刚度波动减小，“刚度短板”得到弥补。

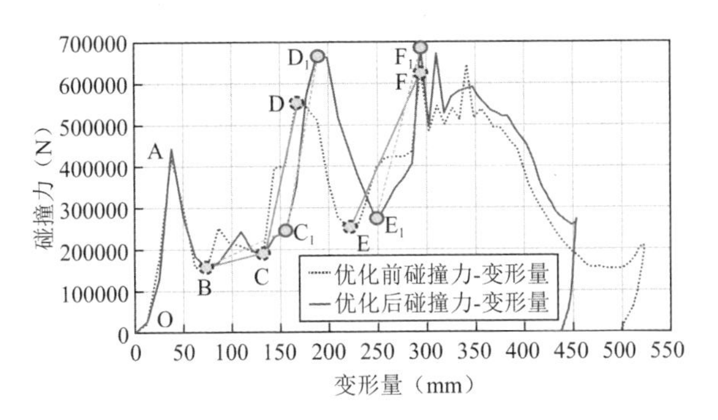

图 5-42　优化前后模型碰撞力-变形量曲线对比

表 5-16 对优化前后模型的最大碰撞力和变形量进行了对比，由表可以看出，优化后模型的初始峰值碰撞力基本保持不变，最大碰撞力由 643362N 增加到 688905N，增幅为 7.08%，但前端最大变形量由 522.51mm 减小为 452.97mm，减幅为 13.31%。可见，优化后系统前端的变形量明显减小，虽然最大碰撞力有所增大，但由此产生的加速度还保持在可以接受的范围内。

优化前后关键结构的碰撞力-变形量曲线特征值对比　　表 5-16

项目	优化前		优化后		幅值变化率
	变形量（mm）	碰撞力（N）	变形量（mm）	碰撞力（N）	
初始峰值碰撞力	37.44	422935	37.59	422839	−0.02%
最大碰撞力	340.83	643362	293.34	688905	7.08%
最大变形量	522.51		452.97		−13.31%

表 5-17 提取了优化前、后模型的结构轻量化和耐撞性指标，可以看出所提取的轻量化关键指标（整车质量）由优化前的 2000kg 增加到 2004.2kg，增幅为 0.21%。所提取的耐撞性指标中总吸能由优化前的 150733J 增加为优化后的 150972J，增幅为 0.16%；比吸能由优化前的 75.36J/kg 变为优化后的 75.33J/kg，减幅为 0.04%；优化前的初始峰值碰撞力为 422935N，优化后该值变为 422839N，降幅为 0.02%；优化前的最大碰撞力为 643362N，优化后变为 688905N，增幅

为 7.08%；前端最大变形量由优化前的 522.51mm，减小为优化后的 452.97mm，降幅为 13.31%；平均碰撞力和碰撞力效率由优化前的 288534N 和 44.84%增加到优化后的 333294N 和 48.38%，增幅分别为 15.51%和 7.89%。

优化前后模型耐撞性和轻量化指标对比 表 5-17

指标体系	指标（单位）	优化前	优化后	变化率
轻量化指标	质量（kg）	2000	2004.2	0.21%
耐撞性指标	总吸能（J）	150733	150972	0.16%
	比吸能（J/kg）	75.36	75.33	−0.04%
	初始峰值碰撞力（N）	422935	442839	−0.02%
	最大碰撞力（N）	643362	688905	7.08%
	最大变形量（mm）	522.51	452.97	−13.31%
	平均碰撞力（N）	288534	333294	15.51%
	碰撞力效率（-）	44.84%	48.38%	7.89%

综上所述，在保持整车质量、总吸能、比吸能和初始峰值碰撞力基本不变的情况下，系统前端的最大变形量有所减小，平均碰撞力和碰撞力效率出现了明显提升，系统的碰撞安全性得到明显提高。虽然系统的最大碰撞力出现了小幅增加，但与同类型车相比均在可接受范围内，可见本书所提出的结构碰撞拓扑优化方法可以较好地兼顾结构轻量化和耐撞性要求，具有较好的工程应用价值，可以为汽车结构耐撞性和轻量化设计提供了一种全新思路和实用方法。

5.4 本章小结

本章以某纯电动汽车的前端系统为研究对象，首先建立了该车前端系统正面碰撞有限元仿真模型并在天津中国汽车技术研究中心进行了相应的实车正面碰撞试验，得到试验数据。

随后对所建立的前端系统正面碰撞有限元模型进行仿真分析，利用实车碰撞试验数据验证了模型的准确性，并在此基础上通过仿真分析对该系统的碰撞安全性和碰撞特点进行了详细分析，发现该车正面碰撞刚度偏低，前端结构在正面碰撞试验中变形严重。

接着通过对碰撞过程进行详细分析发现纵梁后段变形严重且过早出现低效的折弯变形，导致前端系统吸收碰撞能量和传递碰撞载荷的能力下降，保险杠横梁、吸能盒和纵梁前段结构的整体吸能水平较文献统计的平均水平低，说明这些结构的耐撞性尚有提升空间。可见，车身正面碰撞刚度不足是导致前端系统正面碰撞安全性不佳的原因，吸能盒和纵梁是影响前端系统正面碰撞安全性的关键部件，且耐撞性能尚有提升空间，有必要进一步开展结构优化设计。

最后重点剖析了这些关键部件在碰撞过程中存在的问题，在兼顾整车质量和设计成本的前提下，运用本书所提出的基于改进的等效静态载荷的结构碰撞拓扑优化方法，在碰撞工况下通过结构拓扑优化重新设计了吸能盒结构，并在纵梁结构内部增设内置的加强板结构以提高结构碰撞安全性。在此基础上，通过工程诠释和工艺修正提出新的吸能盒-纵梁结构总成，并将该结构通过有限元模型重构集成到前端系统正面碰撞模型中，形成优化后的前端系统正面碰撞有限元仿真模型，在同样条件下通过再次进行有限元碰撞仿真分析对比验证了优化结构的有效性和本书提出的优化方法的工程应用价值，为汽车结构耐撞性和轻量化设计提供了一种全新思路和实用方法，降低了企业开发成本。

CHAPTER 6 »»

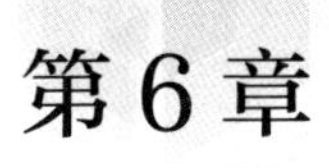

第6章

成果与展望

6.1 取得成果

本书针对碰撞拓扑优化方法和应用两个方面开展了深入研究，针对基于等效静态载荷的结构优化法在解决结构大变形碰撞拓扑优化问题，提出了两种改进等效静态载荷计算方法及基于改进等效静态载荷的结构碰撞拓扑优化法，并通过简单设计实例验证了方法的有效性；在此基础上通过综合所提出的两种基于改进等效静态载荷的结构碰撞拓扑优化法建立了一种汽车结构轻量化和耐撞性的优化设计方法，并应用到某纯电动汽车前端系统正面碰撞工况下的关键结构优化设计中，验证了本书所提出方法的工程应用价值。本书主要完成的研究工作总结如下：

（1）综述了结构碰撞拓扑优化方法和应用的研究现状。本书从结构碰撞拓扑优化方法研究和应用研究两个方面对当前碰撞拓扑优化领域的国内外研究现状展开了综述；随后在此基础上对当前结构碰撞拓扑优化方法和应用技术研究领域存在的共性关键问题进行了总结，并对这些碰撞拓扑优化方法和应用技术的特点进行了对比和分析，确定本书的研究方法和应用的领域并据此对本书的结构、研究技术路线和各章节主要研究内容进行了介绍。

（2）总结了基于等效静态载荷的结构优化法在驱动结构碰撞拓扑优化时存在的问题与不足并深入分析了其原因。本书详细阐述了基于等效静态载荷的结构优化方法在求解结构碰撞拓扑优化问题时的完整过程和相关理论，简要阐述了碰撞分析理论并引入了汽车结构耐撞性的主要评价指标，推导了等效静态载荷作用下的结构线性拓扑优化灵敏度，系统总结了基于等效静态载荷的结构优化方法在解决大变形碰撞拓扑优化问题时存在的问题与不足并深入分析了导致这些问题和不足的原因，为后续开展等效静态载荷的改进研究奠定了理论基础。

（3）提出了降阶等效静态载荷计算方法及基于降阶等效静态载荷的结构碰撞拓扑优化法。本书在现有模型降阶理论的基础上推导了碰撞模型降阶理论，针对传统的基于等效静态载荷的结构优化方法在解决碰撞引起的结构塑性大变形拓扑优化问题时存在的计算成本高、优化效率低的问题，对等效静态载荷进

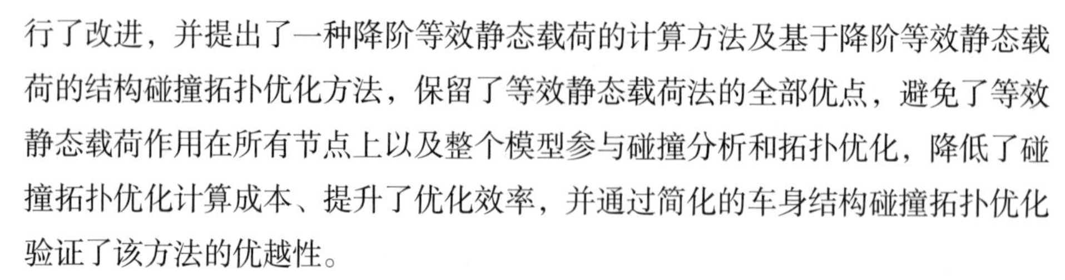

行了改进，并提出了一种降阶等效静态载荷的计算方法及基于降阶等效静态载荷的结构碰撞拓扑优化方法，保留了等效静态载荷法的全部优点，避免了等效静态载荷作用在所有节点上以及整个模型参与碰撞分析和拓扑优化，降低了碰撞拓扑优化计算成本、提升了优化效率，并通过简化的车身结构碰撞拓扑优化验证了该方法的优越性。

（4）提出了等效线性静态载荷的计算方法及基于等效线性静态载荷的结构碰撞拓扑优化法。针对传统的基于等效静态载荷的结构优化法在解决碰撞引起的薄壁结构塑性大变形拓扑优化问题时存在的数值不稳定问题，基于线性极限分析的思想和能量原理对等效静态载荷进行了改进，提出了一种等效线性静态载荷计算方法并在此基础上提出基于等效线性静态载荷的结构碰撞拓扑优化法，实现了等效线性静态载荷的自适应缩放，保证了等效静态载荷作用下的结构拓扑优化始终保持在线性范围内，有效提高了结构碰撞拓扑优化的数值稳定性。在此基础上，将该方法应用于大变形碰撞工况下的吸能盒诱导结构优化设计，拓展了拓扑优化方法的应用范围，验证了该方法的有效性。

（5）开展了某纯电动汽车前端系统碰撞安全性分析及结构拓扑优化设计。首先建立了某纯电动汽车前端系统正面碰撞有限元仿真模型并通过实车碰撞试验验证了该模型的正确性和可靠性；随后在此基础上对该系统的碰撞安全性和碰撞特点进行了详细分析，确定影响正面碰撞安全性的关键结构及其存在的问题；接着将本书所提出的两种基于改进等效静态载荷（降阶等效静态载荷和等效线性静态载荷）的结构碰撞拓扑优化方法综合应用到某纯电动汽车前端系统正面碰撞工况下的关键结构优化设计中，建立了一种有效的汽车结构轻量化和耐撞性优化设计方法，验证了优化后模型的有效性和本书所提出方法的工程应用价值,同时为汽车结构耐撞性和轻量化设计提供了一种全新思路和实用方法。

6.2 研究展望

本书重点研究了基于两种改进等效静态载荷的结构碰撞拓扑优化方法及其应用，受本人能力、时间和精力的限制，未能在该领域进行更为深入的研究，还有许多问题有待探索和完善，作者认为未来的研究工作可以考虑从以下几个方面开展：

（1）碰撞模型非线性降阶。目前在工程领域开展的模型降阶都是基于线性模型降阶理论，这种研究是在大量的简化和假设基础上开展的。实际上，在复杂的车辆碰撞过程中严格区分结构的线性部分和非线性部分需要耗费大量计算资源，因此直接开展碰撞模型的非线性降阶理论和应用研究可以更贴近实际碰撞工况，也是目前该领域研究的热点和难点。

（2）基于梯度和相对密度更新拓扑优化设计变量。基于等效静态载荷的结构优化方法利用结构线性静态拓扑优化技术求解动态拓扑优化问题，与传统的基于梯度的结构拓扑优化方法和全局优化方法相比具有较高的优化效率。然而，对于具有高度非线性和庞大设计变量的碰撞拓扑优化问题，由于线性分析与非线性碰撞分析的差异增大，该方法的优化效率明显下降，收敛性急剧恶化。针对该问题，可以考虑通过建立线性拓扑优化梯度和非线性拓扑优化梯度之间的关系，有效利用梯度信息和线性拓扑优化的相对密度更新设计变量，增强外部循环之间的继承性，从而在保证稳定性的前提下显著提高优化效率。

（3）非线性动态和线性静态组合工况拓扑优化。目前开展的动态和静态组合工况拓扑优化大多在线性范围内进行，无法直接考虑动态非线性碰撞工况。然而，对于汽车结构设计而言，碰撞安全性、NVH性能和轻量化是需要同时考虑的多个重要因素，只有通过同时考虑静态工况和碰撞工况下的结构优化设计才可能在结构轻量化、NVH性能和碰撞安全性之间找到最佳的平衡点。因此，开展同时考虑静态线性工况和动态非线性碰撞工况下的结构拓扑优化也将是未来开展应用研究的重点。

（4）对优化后的前端系统进行实车碰撞试验分析，进一步验证所提出的优化方法的有效性。考虑到时间和成本问题本书未能对优化后的前端系统开展实车碰撞试验分析，后期可以考虑在企业的支持下，针对优化后的样车结构开展相同工况下的正面碰撞试验分析，说明两种方法综合使用对优化结果的影响，进一步验证本书所提方法的工程应用价值。

参考文献

[1] 王传青. 白车身前端结构-材料-性能一体化轻量化多目标协同优化设计[D]. 长春: 吉林大学, 2016.

[2] 秘姚瑶. 科技进步提升运输安全[J]. 商用汽车, 2018(11): 59-62.

[3] AMATO F, CASSEE F R, VAN DER GON H A C D, et al. Urban air quality: the challenge of traffic non-exhaust emissions[J]. Journal of hazardous materials, 2014, 275: 31-36.

[4] ROJAS-RUEDA D, TURNER M C. Commentary: diesel, cars, and public health[J]. Epidemiology, 2016, 27(2): 159-162.

[5] 刘小锋. 怠速启停微混车用 AGM 电池[J]. 新材料产业, 2014(10): 17-19.

[6] O'NEILL B. Preventing passenger vehicle occupant injuries by vehicle design: a historical perspective from IIHS[J]. Traffic injury prevention, 2009, 10(2): 113-126.

[7] 熊锋. 车身结构轻量化与抗撞性多目标协同优化设计方法研究[D]. 长春: 吉林大学, 2018.

[8] 司福建, 时红海, 吴中旺, 等. 电池包箱体的轻量化与连接技术[J]. 汽车工艺师, 2019(Z1): 34-38.

[9] 阎琨. 冲击荷载下结构优化设计研究[D]. 大连: 大连理工大学, 2016.

[10] PATEL N M. Crashworthiness Design using Topology Optimization[D]. South Bend: University Of Notre Dame, 2007.

[11] FANG J, SUN G, QIU N, et al. On design optimization for structural crashworthiness and its state of the art [J]. Structural and Multidisciplinary Optimization, 2017, 55(3): 1091-1119.

[12] MAYER R R, KIKUCHI N, SCOTT R A. Application of topological optimization techniques to structural crashworthiness[J]. International Journal for Numerical Methods in Engineering, 1996, 39(8): 1383-1403.

[13] SOTO C A, DIAZ A R. Basic models for topology design optimization in crashworthiness problems[C]//International Design Engineering Technical Conferences and Computers and Information in Engineering Conference. American Society of Mechanical Engineers, 1999,

19715: 1055-1064.

[14] FREDRICSON H. Topology optimization of vehicle body structures: method, theory and applications[D]. Linköping: Linköping university, 2004.

[15] PEDERSEN C B W. Topology optimization design of crushed 2D-frames for desired energy absorption history[J]. Structural and Multidisciplinary Optimization, 2003, 25(5-6): 368-382.

[16] PEDERSEN C B W. Topology optimization for crashworthiness of frame structures[J]. International Journal of Crashworthiness, 2003, 8(1): 29-39.

[17] PEDERSEN C B W. Crashworthiness design of transient frame structures using topology optimization[J]. Computer Methods in Applied Mechanics and Engineering, 2004, 193(6-8): 653-678.

[18] ZHANG X S, DE STURLER E, PAULINO G H. Stochastic sampling for deterministic structural topology optimization with many load cases: Density-based and ground structure approaches[J]. Computer Methods in Applied Mechanics and Engineering, 2017, 325: 463-487.

[19] RAPONI E, BUJNY M, OLHOFER M, et al. Kriging-assisted topology optimization of crash structures[J]. Computer Methods in Applied Mechanics and Engineering, 2019, 348: 730-752.

[20] SCHUMACHER A, OLSCHINKA C, HOFFMANN B. Topology optimization based on graph theory of crash loaded flight passenger seats[J]. LS-DYNA Anwenderforum, Bamberg, Germany, 2008.

[21] ORTMANN C, SCHUMACHER A. Graph and heuristic based topology optimization of crash loaded structures[J]. Structural and Multidisciplinary Optimization, 2013, 47(6): 839-854.

[22] SCHUMACHER A. Parameter-based topology optimization for crashworthiness structures[C]// CDROM Proc. of the World Congress of Structural and Multidisciplinary Optimization (WCSMO-6), Rio-de-Janeiro, Brazil. 2005.

[23] SCHNEIDER D, LINK S, SCHUMACHER A, et al. Graph and heuristic based topology optimization of crashworthiness composite profile structures manufactured by vacuum infusion and gluing[J]. New York City, 2018.

[24] ULAM S. Random processes and transformations[C]//Proceedings of the International Congress on Mathematics, 1952, 2: 264-275.

[25] VON NEUMANN J, BURKS A W. Theory of self-reproducing automata[J]. IEEE Transactions on Neural Networks, 1966, 5(1): 3-14.

[26] INOUE N, SHIMOTAI N, UESUGI T. Cellular automaton generating topological structures[C]// Second European Conference on Smart Structures and Materials. International Society for Optics and Photonics, 1994, 2361: 47-50.

[27] KITA E, TOYODA T. Structural design using cellular automata[J]. Structural and Multidisciplinary

Optimization, 2000, 19(1): 64-73.

[28] TATTING B, GURDAL Z. Cellular automata for design of two-dimensional continuum structures[C]//8th Symposium on Multidisciplinary Analysis and Optimization. 2000: 4832.

[29] ABDALLA M M, GÜRDAL Z. Structural design using cellular automata for eigenvalue problems[J]. Structural and Multidisciplinary Optimization, 2004, 26(3-4): 200-208.

[30] PENNINGER C L, WATSON L T, TOVAR A, et al. Convergence analysis of hybrid cellular automata for topology optimization[J]. Structural and Multidisciplinary Optimization, 2010, 40(1-6): 271-282.

[31] PATEL N, KANG B S, RENAUD J. Topology synthesis of structures under impact loading using a hybrid cellular automaton algorithm[C]//11th AIAA/ISSMO Multidisciplinary Analysis and Optimization Conference. 2006: 6937.

[32] MOZUMDER C, TOVAR A, RENAUD J E. Topology design of plastically deformable structures with a controlled energy absorption for prescribed force and displacement response[C]//8th World Congress on Structural and Multidisciplinary Optimization, Lisbon, Portugal, 2009.

[33] MOZUMDER C K. Topometry optimization of sheet metal structures for crashworthinessdesign using hybrid cellular automata[M]. University of Notre Dame, 2010.

[34] WITOWSKI K, ERHART A, SCHUMACHER P, et al. Topology optimization for crash[C]//12th LS-DYNA German User's Forum, Michigan, USA, 2012.

[35] ERHART A, SCHUMACHER P, LAZAROV N, et al. Topology optimization with LS-TaSC and Genesis/ESL for crash-loading[C]//11th LS-DYNA German Users Forum Ulm, 2012.

[36] GUO L, TOVAR A, PENNINGER C L, et al. Strain-based topology optimisation for crashworthiness using hybrid cellular automata[J]. International Journal of Crashworthiness, 2011, 16(3): 239-252.

[37] BANDI P, SCHMIEDELER J P, TOVAR A. Design of crashworthy structures with controlled energy absorption in the HCA framework[C]//ASME 2012 International Design Engineering Technical Conferences and Computers and Information in Engineering Conference. American Society of Mechanical Engineers Digital Collection, 2012: 1281-1293.

[38] HUNKELER S. Topology Optimisation in Crashworthiness Design via Hybrid Cellular Automata for Thin Walled Structures[D]. Queen Mary University of London, 2014.

[39] DUDDECK F, HUNKELER S, LOZANO P, et al. Topology optimization for crashworthiness of thin-walled structures under axial impact using hybrid cellular automata[J]. Structural and Multidisciplinary Optimization, 2016, 54(3): 415-428.

[40] ZENG D, DUDDECK F. Improved hybrid cellular automata for crashworthiness optimization of thin-walled structures[J]. Structural and Multidisciplinary Optimization, 2017, 56(1): 101-115.

[41] ZENG D, DUDDECK F. Topology optimization of thin-walled structures under static/crash loading case in the hybrid cellular automaton framework[C]//World Congress of Structural and Multidisciplinary Optimisation. Springer, Cham, 2017: 1585-1600.

[42] AULIG N, MENZEL S, NUTWELL E, et al. Towards multi-objective topology optimization of structures subject to crash and static load cases[J]. Engineering Optimization, 2014: 847-852.

[43] AULIG N, NUTWELL E, MENZEL S, et al. Preference-based topology optimization for vehicle concept design with concurrent static and crash load cases[J]. Structural and Multidisciplinary Optimization, 2018, 57(1): 251-266.

[44] OSHER S, FEDKIW R, PIECHOR K. Level set methods and dynamic implicit surfaces[J]. Applied Mechanics Reviews, 2004, 57(3): B15-B15.

[45] OSHER S, SETHIAN J A. Fronts propagating with curvature-dependent speed: algorithms based on Hamilton-Jacobi formulations[J]. Journal of Computational Physics, 1988, 79(1): 12-49.

[46] HABER R, BENDSOE M. Problem formulation, solution procedures and geometric modeling-key issues in variable-topology optimization[C]//7th AIAA/USAF/NASA/ISSMO Symposium on Multidisciplinary Analysis and Optimization,1998: 4948.

[47] ALLAIRE G, JOUVE F, TOADER A M. Structural optimization using sensitivity analysis and a level-set method[J]. Journal of Computational Physics, 2004, 194(1): 363-393.

[48] OSHER S, FEDKIW R P. Level set methods: an overview and some recent results[J]. Journal of Computational Physics, 2001, 169(2): 463-502.

[49] SETHIAN J A. Evolution, implementation, and application of level set and fast marching methods for advancing fronts[J]. Journal of Computational Physics, 2001, 169(2): 503-555.

[50] WANG M Y, WANG X, GUO D. A level set method for structural topology optimization[J]. Computer Methods in Applied Mechanics and Engineering, 2003, 192(1-2): 227-246.

[51] YULIN M, XIAOMING W. A level set method for structural topology optimization and its applications[J]. Advances in Engineering Software, 2004, 35(7): 415-441.

[52] BUJNY M, AULIG N, OLHOFER M, et al. Evolutionary level set method for crashworthiness topology optimization[C]//ECCOMAS Congress, 2016.

[53] BUJNY M, AULIG N, OLHOFER M, et al. Identification of optimal topologies for crashworthiness with the evolutionary level set method[J]. International Journal of Crashworthiness, 2018, 23(4): 395-416.

[54] BÄCK T, SCHWEFEL H P. An overview of evolutionary algorithms for parameter optimization[J]. Evolutionary computation, 1993, 1(1): 1-23.

[55] BUJNY M. Development of a hybrid evolutionary approach for level set topology optimization[D]. München: Technische Universität München, 2015.

[56] BUJNY M, AULIG N, OLHOFER M, et al. Hybrid evolutionary approach for level set topology optimization[C]//2016 IEEE Congress on Evolutionary Computation(CEC), 2016: 5092-5099.

[57] BUJNY M, AULIG N, OLHOFER M, et al. Learning-based topology variation in evolutionary level set topology optimization[C]//Proceedings of the Genetic and Evolutionary Computation Conference, 2018: 825-832.

[58] BUJNY M, AULIG N, OLHOFER M, et al. Evolutionary crashworthiness topology optimization of thin-walled structures[J]. ASMO UK, Munich, Germany, 2016.

[59] 李好. 改进的参数化水平集拓扑优化方法与应用研究[D]. 武汉: 华中科技大学, 2016.

[60] 顾涛. 基于紧支径向基函数的参数化水平集拓扑优化方法研究[D]. 武汉: 华中科技大学, 2014.

[61] WEIDER K, SCHUMACHER A. A topology optimization scheme for crash loaded structures using topological derivatives[C]//World Congress of Structural and Multidisciplinary Optimisation. Springer, Cham, 2017: 1601-1614.

[62] AFROUSHEH M, MARZBANRAD J, GÖHLICH D. Topology optimization of energy absorbers under crashworthiness using modified hybrid cellular automata(MHCA) algorithm[J]. Structural and Multidisciplinary Optimization, 2019, 60(3): 1021-1034.

[63] 高云凯, 孙芳, 程金山, 等. 轿车前舱结构性能综合优化[J]. 中国机械工程, 2010, 21(04): 394-399.

[64] CAVAZZUTI M, BALDINI A, BERTOCCHI E, et al. High performance automotive chassis design: a topology optimization based approach[J]. Structural and Multidisciplinary Optimization, 2011, 44(1): 45-56.

[65] VOLZ K H. Physikalisch begründete Ersatzmodelle für die Crashoptimierung von Karosseriestrukturen in frühen Projektphasen[D]. München:Technische Universität München, 2011.

[66] DUDDECK F, VOLZ K. A new topology optimization approach for crashworthiness of passenger vehicles based on physically defined equivalent static loads[C]//Proceedings ICRASH conference, Milano, 2012.

[67] CHRISTENSEN J, BASTIEN C, BLUNDELL M V. Effects of roof crush loading scenario upon body in white using topology optimisation[J]. International Journal of Crashworthiness, 2012, 17(1): 29-38.

[68] 王国春, 段利斌, 陈自凯, 等. 基于渐进空间拓扑优化技术的白车身传力路径规划方法[J]. 中国机械工程, 2015(20): 2827-2834.

[69] CHOI W S, PARK G J. Structural optimization using equivalent static loads at all time intervals[J]. Computer Methods in Applied Mechanics and Engineering, 2002, 191(19-20): 2105-2122.

[70] PARK G J, KANG B S. Validation of a structural optimization algorithm transforming dynamic loads into equivalent static loads[J]. Journal of Optimization Theory and Applications, 2003, 118(1): 191-200.

[71] KANG B S, PARK G J, ARORA J S. A review of optimization of structures subjected to transient loads [J]. Structural and Multidisciplinary Optimization, 2006, 31(2): 81-95.

[72] PARK G J. Analytic methods for design practice [M]. Springer Science & Business Media, 2007.

[73] CHOI W S, PARK K B, PARK G J. Calculation of equivalent static loads and its application[J]. Nuclear Engineering and Design, 2005, 235(22): 2337-2348.

[74] PARK K J, LEE J N, PARK G J. Structural shape optimization using equivalent static loads transformed from dynamic loads[J]. International Journal for Numerical Methods in Engineering, 2005, 63(4): 589-602.

[75] SHIN M K, PARK K J, PARK G J. Optimization of structures with nonlinear behavior using equivalent loads[J]. Computer Methods in Applied Mechanics and Engineering, 2007, 196(4-6): 1154-1167.

[76] YI S I, LEE H A, PARK G J. Optimization of a structure with contact conditions using equivalent loads[J]. Journal of Mechanical Science and Technology, 2011, 25(3): 773-782.

[77] HONG E P, YOU B J, KIM C H, et al. Structural optimization of rigid multibody systems using the equivalent static loads method[J]. Structural and Multidisciplinary Optimization, 2010, 40(1-6).

[78] HONG E P, YOU B J, KIM C H, et al. Optimization of flexible components of multibody systems via equivalent static loads[J]. Structural and Multidisciplinary Optimization, 2010, 40(1-6): 549-562.

[79] KIM Y I, PARK G J. Nonlinear dynamic response structural optimization using equivalent static loads[J]. Computer Methods in Applied Mechanics and Engineering, 2010, 199(9-12): 660-676.

[80] LEE Y, AHN J S, PARK G. Crash optimization of automobile frontal and side structures using equivalent static loads[C]//11th World Congress on Structural and Multidisciplinary Optimization, Sydney, NSW, Australia. 2015.

[81] LEE J J, PARK G J. Shape optimization of the initial blank in the sheet metal forming process using equivalent static loads[J]. International Journal for Numerical Methods in Engineering, 2011, 85(2): 247-268.

[82] LEE J J, JUNG U J, PARK G J. Shape optimization of the workpiece in the forging process using equivalent static loads[J]. Finite Elements in Analysis and Design, 2013, 69: 1-18.

[83] YI S I, LEE J Y, PARK G J. Crashworthiness design optimization using equivalent static loads[J]. Proceedings of the Institution of Mechanical Engineers, Part D: Journal of

Automobile Engineering, 2012, 226(1): 23-38.

[84] LEE J J, PARK G J. Optimization of the structural and process parameters in the sheet metal forming process[J]. Journal of Mechanical Science and Technology, 2014, 28(2): 605-619.

[85] LEE H A, PARK G J. Topology optimization for structures with nonlinear behavior using the equivalent static loads method[J]. Journal of Mechanical Design, 2012, 134(3): 031004.

[86] YANG Z J, CHEN X, KELLY R. A topological optimization approach for structural design of a high-speed low-load mechanism using the equivalent static loads method[J]. International Journal for Numerical Methods in Engineering, 2012, 89(5): 584-598.

[87] JANG H H, LEE H A, LEE J Y, et al. Dynamic response topology optimization in the time domain using equivalent static loads[J]. AIAA journal, 2012, 50(1): 226-234.

[88] LI M, TANG W, YUAN M. Structural dynamic topology optimization based on dynamic reliability using equivalent static loads[J]. Structural and Multidisciplinary Optimization, 2014, 49(1): 121-129.

[89] RICCIARDI A P, EGER C A G, CANFIELD R A, et al. Nonlinear aeroelastic-scaled-model optimization using equivalent static loads[J]. Journal of Aircraft, 2014, 51(6): 1842-1851.

[90] LEE H A, PARK G J. Nonlinear dynamic response topology optimization using the equivalent static loads method[J]. Computer Methods in Applied Mechanics and Engineering, 2015, 283: 956-970.

[91] JUNG U J, PARK G J. A new method for simultaneous optimum design of structural and control systems[J]. Computers & Structures, 2015, 160: 90-99.

[92] STOLPE M. On the equivalent static loads approach for dynamic response structural optimization[J]. Structural and Multidisciplinary Optimization, 2014, 50(6): 921-926.

[93] STOLPE M, VERBART A, ROJAS-LABANDA S. The equivalent static loads method for structural optimization does not in general generate optimal designs[J]. Structural and Multidisciplinary Optimization, 2018, 58(1): 139-154.

[94] PARK G J, LEE Y. Discussion on the optimality condition of the equivalent static loads method for linear dynamic response structural optimization[J]. Structural and Multidisciplinary Optimization, 2019, 59(1): 311-316.

[95] CHOI W H, LEE Y, YOON J M, et al. Structural optimization for roof crush test using an enforced displacement method[J]. International Journal of Automotive Technology, 2018, 19(2): 291-299.

[96] LEE Y, HAN Y H, PARK S, et al. Vehicle crash optimization considering a roof crush test and a side impact test[J]. Proceedings of the Institution of Mechanical Engineers, Part D: Journal of Automobile Engineering, 2019, 233(10): 2455-2466.

[97] YOON J M, LEE Y, PARK S O, et al. Crash optimization considering the head injury

criterion[J]. Proceedings of the Institution of Mechanical Engineers, Part D: Journal of Automobile Engineering, 2019, 233(11): 2879-2890.

[98] DAVOUDI M, KIM C. Topology optimization for crashworthiness of thin-walled structures under axial crash considering nonlinear plastic buckling and locations of plastic hinges[J]. Engineering Optimization, 2019, 51(5): 775-795.

[99] BAI Y C, ZHOU H S, LEI F, et al. An improved numerically-stable equivalent static loads(ESLs) algorithm based on energy-scaling ratio for stiffness topology optimization under crash loads[J]. Structural and Multidisciplinary Optimization, 2019, 59(1): 117-130.

[100] 白影春. 一种基于能量比率因子的碰撞拓扑优化方法[C]//中国力学学会固体力学专业委员会，国家自然科学基金委员会数理科学部. 2018 年全国固体力学学术会议摘要集(上), 2018: 567.

[101] KIM E, KIM H, BAEK S, et al. Effective structural optimization based on equivalent static loads combined with system reduction method[J]. Structural and Multidisciplinary Optimization, 2014, 50(5): 775-786.

[102] LEE J, CHO M. Efficient design optimization strategy for structural dynamic systems using a reduced basis method combined with an equivalent static load[J]. Structural and Multidisciplinary Optimization, 2018, 58(4): 1489-1504.

[103] 陈自凯. 基于梯度的等效静载荷法及汽车碰撞关键零部件结构优化[D]. 长沙: 湖南大学, 2015.

[104] 陈涛, 戴江璐, 陈自凯, 等. 基于梯度的等效静载荷法的汽车正面碰撞关键结构优化设计[J]. 中国机械工程, 2016, 27(24): 3396-3401, 3407.

[105] LEE H A, PARK G J. A software development framework for structural optimization considering non linear static responses[J]. Structural and Multidisciplinary Optimization, 2015, 52(1): 197-216.

[106] ESCHENAUER H A, KOBELEV V V, SCHUMACHER A. Bubble method for topology and shape optimization of structures[J]. Structural Optimization, 1994, 8(1): 42-51.

[107] SOKOLOWSKI J, ZOCHOWSKI A. On the topological derivative in shape optimization[J]. SIAM Journal on Control and Optimization, 1999, 37(4): 1251-1272.

[108] HUANG X, XIE Y M, LU G. Topology optimization of energy-absorbing structures[J]. International Journal of Crashworthiness, 2007, 12(6): 663-675.

[109] QUERIN O M, YOUNG V, STEVEN G P, et al. Computational efficiency and validation of bi-directional evolutionary structural optimization[J]. Computer Methods in Applied Mechanics and Engineering, 2000, 189(2): 559-573.

[110] AULIG N, LEPENIES I. A topology optimization interface for LS-DYNA[C]//11. LS-DYNA Forum, 2012.

[111] AULIG N, OLHOFER M. State-based representation for structural topology optimization and application to crashworthiness[C]//2016 IEEE Congress on Evolutionary Computation(CEC). IEEE, 2016: 1642-1649.

[112] AULIG N. Generic topology optimization based on local state features[M]. VDI Verlag, 2017.

[113] CHEN S Y. An approach for impact structure optimization using the robust genetic algorithm[J]. Finite Elements in Analysis and Design, 2001, 37(5): 431-446.

[114] SUN G, LIU T, FANG J, et al. Configurational optimization of multi-cell topologies for multiple oblique loads[J]. Structural and Multidisciplinary Optimization, 2018, 57(2): 469-488.

[115] WANG H, MA Z D, KIKUCHI N, et al. Multi-domain multi-step topology optimization for vehicle structure crashworthiness design[R]. SAE Technical Paper, 2004.

[116] 舒磊, 方宗德, 董军, 等. 汽车子结构的复合域拓扑优化[J]. 汽车工程, 2008, 30(5): 444-448.

[117] 舒磊, 方宗德, 张国胜, 等. 复合域结构的重构拓扑优化方法设计及应用研究[J]. 中国机械工程, 2008, 19(14): 1712-1715.

[118] EBISUGI T, FUJITA H, WATANABE G. Study of optimal structure design method for dynamic nonlinear problem[J]. JSAE Review, 1998, 19(3): 251-255.

[119] 谢伦杰, 张维刚, 常伟波, 等. 电动汽车正碰结构耐撞性研究[C].长沙:第九届国际汽车交通安全学术会议论文集,2011: 77-80.

[120] CHRISTENSEN J, BASTIEN C, BLUNDELL M V, et al. Buckling considerations and cross-sectional geometry development for topology optimised body in white[J]. International Journal of Crashworthiness, 2013, 18(4): 319-330.

[121] 邵微, 牛超, 陈秉智. 高速列车车体端部防撞装置拓扑优化设计[J]. 计算机辅助工程, 2013, 22(5): 14-18.

[122] 雷正保, 易晓剑. 电动汽车碰撞安全性与 NVH 多目标拓扑优化[J]. 中国公路学报, 2016, 29(05): 144-150.

[123] 唐涛, 张维刚, 陈鼎, 等. 侧面柱碰撞条件下轿车车门抗撞性优化设计[J]. 中国机械工程, 2016, 27(2): 278-283.

[124] 常伟波. 基于正碰耐撞性的轿车车身概念设计及优化研究[D]. 长沙: 湖南大学, 2012.

[125] 杨明森. 某轿车碰撞安全性能分析与优化研究[D]. 重庆: 重庆交通大学, 2018.

[126] 高云凯, 田林雳. 基于等效静态载荷法的车身碰撞拓扑优化[J]. 同济大学学报(自然科学版), 2017, 45(3): 391-397.

[127] 郁聚峰. 基于等效静态载荷方法的碰撞拓扑优化研究及其软件开发[D]. 长春: 吉林大学, 2018.

[128] 方健, 史国宏. 电动汽车全新架构前期开发中的多学科集成优化设计[J]. 汽车安全与

节能学报, 2019, 10(1): 112-118.

[129] 郭连水. 一种大变形多空间域连续体结构拓扑优化方法[J]. 北京航空航天大学学报, 2009(2): 227-230.

[130] 武和全, 杨煌. 基于耐撞性的汽车八边形前纵梁设计的拓扑优化方法[J]. 汽车安全与节能学报, 2016, 7(04): 382-389.

[131] 王冠, 周佳, 刘志文, 等. 铝合金汽车前碰撞横梁的轻量化设计与碰撞性能分析[J]. 中国有色金属学报, 2012, 22(1): 93-101.

[132] 王冠. 铝合金薄壁梁结构轻量化设计及其变形行为的研究[D]. 长沙: 湖南大学, 2013.

[133] 黄鹏冲. 基于耐撞性拓扑优化的汽车碰撞安全关键件设计[D]. 长沙: 湖南大学, 2013.

[134] 聂昕, 黄鹏冲, 陈涛, 等. 基于耐撞性拓扑优化的汽车关键安全件设计[J]. 中国机械工程, 2013, 24(23): 3260-3265.

[135] 甘宁. 基于耐撞性和刚度车辆端部底架的拓扑概念设计[D]. 长沙: 中南大学, 2014

[136] 谭纯. 某电动汽车车身耐撞框架结构拓扑优化设计研究[D]. 长沙: 湖南大学, 2015.

[137] 谭纯, 陈涛, 杨枫. 汽车车身耐撞框架结构设计研究[J]. 现代制造工程, 2017(2): 44-51.

[138] 高云凯, 张玉婷, 方剑光. 基于混合元胞自动机的铝合金保险杠横梁设计[J]. 同济大学学报(自然科学版), 2015, 43(3): 0456-0461.

[139] 刘丰嘉. 机车车辆耐撞性仿真与端部结构拓扑优化设计[D]. 成都: 西南交通大学, 2018.

[140] 茂鹏. 基于正面碰撞安全性的电动汽车前舱结构优化设计[D]. 长沙: 湖南大学, 2018.

[141] AULIG N, NUTWELL E, MENZEL S, et al. Preference-based topology optimization of body-in-white structures for crash and static loads[C]//14th International LS-DYNA Users Conference. 2016.

[142] 雷正保, 刘彦丽. 纯电动汽车尾部耐撞性优化设计[J]. 机械强度, 2016, 38(3): 515-521.

[143] 宋洁, 雷正保. 纯电动汽车翻滚耐撞性拓扑优化设计[J]. 汽车工程师, 2017(11): 25-28.

[144] 雷正保, 刘助春, 廖卓. 纯电动汽车白车身耐撞性拓扑优化设计方法[J]. 郑州大学学报(工学版), 2016, 37(5): 77-81.

[145] 雷正保, 肖林辉, 刘助春, 等. 纯电动汽车车身结构耐撞性的整体拓扑优化设计[J]. 汽车工程学报, 2016, 6(1): 15-21.

[146] 黄敏, 雷正保, 孙汉正, 等. 纯电动汽车正面抗撞结构耐撞性拓扑优化方法[J]. 合肥工业大学学报(自然科学版), 2019, 42(1): 7-12.

[147] FARAHANI A, AVERILL R C, SIDHU R. Design optimization of hydroformed crashworthy automotive body structures[C]//CAD-FEM Users' Meeting,2003: 12-14.

[148] SOTO C A. Structural topology optimization for crashworthiness[J]. International Journal of Crashworthiness, 2004, 9(3): 277-283.

[149] FORSBERG J, NILSSON L. Topology optimization in crashworthiness design[J]. Structural and Multidisciplinary Optimization, 2007, 33(1): 1-12.

[150] 亓文果，金先龙，张晓云，等. 汽车碰撞有限元仿真的并行计算及其性能研究[J]. 系统仿真学报, 2004, 16(11): 2428-2431.

[151] 张维刚，赵幼平. 计算机仿真技术在汽车正碰安全性能改进中的应用研究[J]. 机械工程学报, 2002, 38(3): 135-138.

[152] 钟志华. 汽车耐撞性分析的有限元法[J]. 汽车工程, 1994, 16(1): 1-6.

[153] 殷有泉. 非线性有限元 [M]. 北京：北京大学出版社, 2007.

[154] 江见鲸，何放龙，何益斌，等. 有限元法及其应用[M]. 北京：机械工业出版社, 2006.

[155] PATEL N M, KANG B S, RENAUD J E, et al. Crashworthiness design using topology optimization[J]. Journal of Mechanical Design, 2009: 131(6).

[156] BAROUTAJI A, SAJJIA M, OLABI A G. On the crashworthiness performance of thin-walled energy absorbers: recent advances and future developments[J]. Thin-Walled Structures, 2017, 118: 137-163.

[157] HANSSEN A G, LANGSETH M, HOPPERSTAD O S. Static and dynamic crushing of circular aluminium extrusions with aluminium foam filler[J]. International Journal of Impact Engineering, 2000, 24(5): 475-507.

[158] SCHILDERS W H A, VAN DER VORST H A, ROMMES J. Model order reduction: theory, research aspects and applications[M]. Berlin: Springer, 2008.

[159] LEE S J, LEE H A, YI S I, et al. Design flow for the crash box in a vehicle to maximize energy absorption[J]. Proceedings of the Institution of Mechanical Engineers, Part D: Journal of Automobile Engineering, 2013, 227(2): 179-200.

[160] 蒋耀林. 模型降阶方法[M]. 北京：科学出版社, 2010.

[161] 邓佳东，程耿东. 基于局部插值的结构动力模型降阶方法[J]. 力学学报, 2012, 44(2): 342-350.

[162] BENNER P, MEHRMANN V, SORENSEN D C. Dimension reduction of large-scale systems[M]. Berlin: Springer, 2005.

[163] QUARTERONI, ALFIO, AND GIANLUIGI ROZZA. Reduced order methods for modeling and computational reduction[M]. Berlin: Springer, 2014.

[164] FEHR J, GRUNERT D. Model reduction and clustering techniques for crash simulations[J]. PAMM, 2015, 15(1): 125-126.

[165] CHATURANTABUT S, SORENSEN D C. Nonlinear model reduction via discrete empirical

interpolation[J]. SIAM Journal on Scientific Computing, 2010, 32(5): 2737-2764.

[166] RYCKELYNCK D, CHINESTA F, CUETO E, et al. On thea priori model reduction: Overview and recent developments[J]. Archives of Computational Methods in Engineering, 2006, 13(1): 91-128.

[167] CHINESTA F, AMMAR A, CUETO E. Proper generalized decomposition of multiscale models[J]. International Journal for Numerical Methods in Engineering, 2010, 83(8-9): 1114-1132.

[168] BOUCINHA L, AMMAR A, GRAVOUIL A, et al. Ideal minimal residual-based proper generalized decomposition for non-symmetric multi-field models–Application to transient elastodynamics in space-time domain[J]. Computer Methods in Applied Mechanics and Engineering, 2014, 273: 56-76.

[169] WEEGER O, WEVER U, SIMEON B. On the use of modal derivatives for nonlinear model order reduction[J]. International Journal for Numerical Methods in Engineering, 2016, 108(13): 1579-1602.

[170] LE GUENNEC Y, BRUNET J P, DAIM F Z, et al. A parametric and non-intrusive reduced order model of car crash simulation[J]. Computer Methods in Applied Mechanics and Engineering, 2018, 338: 186-207.

[171] BOHN B, GARCKE J, IZA-TERAN R, et al. Analysis of car crash simulation data with nonlinear machine learning methods[J]. Procedia Computer Science, 2013, 18: 621-630.

[172] FEHR J, HOLZWARTH P, EBERHARD P. Interface and model reduction for efficient explicit simulations-a case study with nonlinear vehicle crash models[J]. Mathematical and Computer Modelling of Dynamical Systems, 2016, 22(4): 380-396.

[173] GUYAN R J. Reduction of stiffness and mass matrices[J]. AIAA Journal, 1965, 3(2): 380-380.

[174] HURTY W C. Dynamic analysis of structural systems using component modes[J]. AIAA Journal, 1965, 3(4): 678-685.

[175] CRAIG JR R R, BAMPTON M C C. Coupling of substructures for dynamic analyses[J]. AIAA Journal, 1968, 6(7): 1313-1319.

[176] BESSELINK B, TABAK U, LUTOWSKA A, et al. A comparison of model reduction techniques from structural dynamics, numerical mathematics and systems and control[J]. Journal of Sound and Vibration, 2013, 332(19): 4403-4422.

[177] QU Z Q. Model Order Reduction Techniques with Applications in Finite Element Analysis: With Applications in Finite Element Analysis[M]. Springer Science & Business Media, 2004.

[178] KOSTESKI N, PACKER J A, PUTHLI R S. A finite element method based yield load determination procedure for hollow structural section connections[J]. Journal of Constructional Steel Research, 2003, 59(4): 453-471.

[179] ZHAO X L. Deformation limit and ultimate strength of welded T-joints in cold-formed RHS sections[J]. Journal of Constructional Steel Research, 2000, 53(2): 149-165.

[180] JEONG S M, CHOI Y H, BAE K W, et al. Strength of Gapped K-connections with HSS and Longitudinal Double Plates[J]. Advances in Structural Engineering, 2008, 11(2): 229-240.

[181] KUROBANE Y, MAKINO Y, OCHI K. Ultimate resistance of unstiffened tubular joints[J]. Journal of Structural Engineering, 1984, 110(2): 385-400.

[182] DEXTER E M, LEE M M K. Static strength of axially loaded tubular K-joints. II: Ultimate capacity[J]. Journal of Structural Engineering, 1999, 125(2): 202-210.

[183] PARDUCCI A, COMODINI F, LUCARELLI M, et al. Energy-based nonlinear static analysis[C]//First European Conference on Earthquake Engineering and Seismology, 2006.

[184] MANOUKAS G, ATHANATOPOULOU A, AVRAMIDIS I. Static pushover analysis based on an energy-equivalent SDOF system[J]. Earthquake Spectra, 2011, 27(1): 89-105.

[185] 颜长征，王欣，赵东旭，等. 客车正面碰撞乘员保护分析[J]. 机械研究与应用，2017, 30(3): 78-80, 83.

[186] TANG Z, LIU S, ZHANG Z. Energy absorption properties of non-convex multi-corner thin-walled columns[J]. Thin-Walled Structures, 2012, 51: 112-120.

[187] LEE S, HAHN C, RHEE M, et al. Effect of triggering on the energy absorption capacity of axially compressed aluminum tubes[J]. Materials & Design, 1999, 20(1): 31-40.

[188] ZHANG X, CHENG G, YOU Z, et al. Energy absorption of axially compressed thin-walled square tubes with patterns[J]. Thin-Walled Structures, 2007, 45(9): 737-746.

[189] MA J, YOU Z. Energy absorption of thin-walled square tubes with a prefolded origami pattern—part I: geometry and numerical simulation[J]. Journal of Applied Mechanics, 2014, 81(1): 011003.

[190] 郝文乾，卢进帅，黄睿，等. 轴向冲击载荷下薄壁折纹管的屈曲模态与吸能[J]. 爆炸与冲击，2015, 35(3): 380-385.

[191] ZHOU C, MING S, XIA C, et al. The energy absorption of rectangular and slotted windowed tubes under axial crushing[J]. International Journal of Mechanical Sciences, 2018, 141: 89-100.

[192] SONG J, GUO F. A comparative study on the windowed and multi-cell square tubes under axial and oblique loading[J]. Thin-Walled Structures, 2013, 66: 9-14.

[193] SONG J, CHEN Y, LU G. Light-weight thin-walled structures with patterned windows under axial crushing[J]. International Journal of Mechanical Sciences, 2013, 66: 239-248.

[194] CHO Y B, BAE C H, SUH M W, et al. Maximisation of crash energy absorption by crash trigger for vehicle front frame using the homogenisation method[J]. International Journal of

Vehicle Design, 2008, 46(1): 23-50.

[195] GRIŠKEVIČIUS P, ŽILIUKAS A. The crash energy absorption of the vehicles front structures[J]. Transport, 2003, 18(2): 97-101

[196] HOOPUTRA H, GESE H, DELL H, et al. A comprehensive failure model for crashworthiness simulation of aluminium extrusions[J]. International Journal of Crashworthiness, 2004, 9(5): 449-464.

[197] ESTRADA Q, SZWEDOWICZ D, SILVA-ACEVES J, et al. Crashworthiness behavior of aluminum profiles with holes considering damage criteria and damage evolution[J]. International Journal of Mechanical Sciences, 2017, 131: 776-791.

[198] 吕红萍. 整体成型电动汽车车身轻量化技术研究[D]. 杭州: 浙江工业大学, 2013.

[199] 智淑亚. 汽车车身结构与设计[M]. 北京:机械工业出版社, 2014.

[200] 黄磊. 以轻量化为目标的汽车车身优化设计[D]. 武汉: 武汉理工大学, 2013.

[201] 丁明亮, 严运兵, 杨勇, 等. 基于拓扑优化与灵敏度分析的公交车车身骨架轻量化[J]. 机械强度, 2018 , 40(2):7.

[202] 徐建全, 杨沿平, 唐杰, 等. 纯电动汽车与燃油汽车轻量化效果的对比分析[J]. 汽车工程, 2012, 34(6): 540-543.

[203] 邱少波. 汽车碰撞安全工程[M]. 北京: 北京理工大学出版社,2016.

[204] 钟志华, 张维刚, 曹立波, 等. 汽车碰撞安全技术[M]. 北京: 机械工业出版社, 2003.

[205] 张维刚, 钟志华. 汽车正撞吸能部件改进的计算机仿真[J]. 汽车工程, 2002, 24(1): 6-9, 36.

[206] 荆友录, 赵长利, 张星忠. 基于 ANSYS/LS-DYNA 的货车纵梁撞击性能仿真研究[J]. 山东交通学院学报, 2007, 15(4): 10-13.

[207] 段利斌. 汽车变厚度前纵梁的轻量化和耐撞性设计方法研究[D]. 长沙: 湖南大学, 2017.

[208] LI G, XU F, SUN G, et al. Crashworthiness study on functionally graded thin-walled structures[J]. International Journal of Crashworthiness, 2015, 20(3): 280-300.

[209] FANG J, GAO Y, SUN G, et al. Dynamic crashing behavior of new extrudable multi-cell tubes with a functionally graded thickness[J]. International Journal of Mechanical Sciences, 2015, 103: 63-73.